CABINET DE FEU M. HOCHART.

CATALOGUE

DES

ESTAMPES ET PORTRAITS.

LILLE. — IMPRIMERIE L. DANEL.

CABINET DE FEU M. HOCHART.

CATALOGUE

DES

ESTAMPES ET PORTRAITS

LA PLUPART

DES XVIᵉ, XVIIᵉ ET XVIIIᵉ SIÈCLES,

COMPRENANT ENVIRON 12,000 PIÈCES

DES PRINCIPAUX MAÎTRES

DES ÉCOLES ANGLAISE, ALLEMANDE, ITALIENNE, FLAMANDE & FRANÇAISE,

LES AUDRAN, BALÉCHOU, BEAUVARLET, CARS, CHEREAU, DAULLÉ, LES DREVET, EDELINCK **(135 portraits)**, FICQUET, M. LASNE, DE LAUNAY, LENFANT, LÉPICIÉ, TH. DE LEU, MARCENAY DE GHUY, MASSON **(30 portraits)**, CL. MELLAN, MONCORNET, MORIN **(27 portraits)**, NANTEUIL **(200 portraits)**, B. PICART, PITAU, LES POILLY, SAINT-AUBIN, SAVART, LES TARDIEU, WILLE, ETC., ETC.;

HOLLAR, LES KILIAN, SANDRART, SCHMIDT, WOLFFGANG;

ARDELL, BAILLIE, FABER, J. SMITH, BLOOTELING, FREY, LES GALLE, GOLTZIUS, HOUBRAKEN **(plus de 300 portraits)**, P. DE JODE, PONTIUS, LES SADELER, VAN SHUPPEN **(40 portraits)**, SUYDERHOEF, TANJÉ, VERMEULEN, LES VISSCHER, LES VOSTERMAN, LES WIERIX;

Dont la vente aura lieu

Le Lundi 6 Décembre 1869 et jours suivants,

Rue Impériale, Nº 97, à Lille,

à dix heures du matin et à deux heures du soir,

Par le ministère de Mᵉ DRION, Commissaire-Priseur, rue du Palais, 9, sous la direction de M. L. BEGHIN, Libraire à Lille.

LILLE,

L. BEGHIN, LIBRAIRE, RUE DE LA GRANDE-CHAUSSÉE, 26 bis.

PARIS,

M. VIGNÈRES, MARCHAND D'ESTAMPES, RUE DE LA MONNAIE, 13.

1869.

CABINET DE FEU M. HOCHART.

CATALOGUE

DES

ESTAMPES ET PORTRAITS

LA PLUPART

DES XVIᵉ, XVIIᵉ ET XVIIIᵉ SIÈCLES,

COMPRENANT ENVIRON 12,000 PIÈCES

DES PRINCIPAUX MAÎTRES

DES ÉCOLES ANGLAISE, ALLEMANDE, ITALIENNE, FLAMANDE & FRANÇAISE,

LES AUDRAN, BALÉCHOU, BEAUVARLET, CARS, CHEREAU, DAULLÉ, LES DREVET, EDELINCK (**135 portraits**), FICQUET, M. LASNE, DE LACNAY, LENFANT, LÉPICIÉ, TH. DE LEU, MARCENAY DE GHUY, MASSON (**30 portraits**), CL. MELLAN, MONCORNET, MORIN (**27 portraits**), NANTEUIL (**260 portraits**), B. PICART, PITAU, LES POILLY, SAINT-AUBIN, SAVART, LES TARDIEU, WILLE, ETC., ETC.;

HOLLAR, LES KILIAN, SANDRART, SCHMIDT, WOLFFGANG;

ARDELL, BAILLIE, FABER, J. SMITH, BLOOTELING, FREY, LES GALLE, GOLTZIUS, HOUBRAKEN (**plus de 300 portraits**), P. DE JODE, PONTIUS, LES SADELER, VAN SCHUPPEN (**40 portraits**), SUYDERHOEF, TANJÉ, VERMEULEN, LES VISSCHER, LES VOSTERMAN, LES WIERIX;

Dont la vente aura lieu

Le Lundi 6 Décembre 1869 et jours suivants,

Rue Impériale, Nº 97, à Lille,

à dix heures du matin et à deux heures du soir,

Par le ministère de Mᵉ DRION, Commissaire-Priseur, rue du Palais, 9, sous la direction de M. L. BEGHIN, Libraire à Lille.

LILLE,

L. BEGHIN, LIBRAIRE, RUE DE LA GRANDE-CHAUSSÉE, 26 bis.

PARIS,

M. VIGNÈRES, MARCHAND D'ESTAMPES, RUE DE LA MONNAIE, 13.

1869.

INDEX DES ABRÉVIATIONS.

B.   Le Peintre-Graveur, par Bartsh.

B. C.   Catalogue de l'œuvre de Miger, par Bellier de la Chavignerie.

C. B.   Le Graveur en taille douce, par Ch. Blanc: Strange, Wille.

F.   Catalogue de l'œuvre de Ficquet, Savart et Grateloup, par Faucheux.

G. B.-A.   Gazette des Beaux-Arts, œuvre de P.-A. Tardieu.

H. R.   Manuel des curieux et des amateurs de l'art, par Huber et Rost.

J.   Manuel de l'amateur d'estampes, de Joubert.

J.   Catalogue raisonné de l'œuvre de Schmidt, par Jacoby.

L.   Manuel de l'amateur d'estampes, de Ch. Le Blanc.

R. D.   Le Peintre-Graveur français, de Robert Dumesnil.

Il y aura exposition de chaque vacation, le matin à neuf heures
et à une heure et demie.

INTRODUCTION.

En livrant au public le Catalogue des Estampes et Portraits composant la Collection de M. Hochart, nous ne pouvons que répéter ce que nous avons déjà dit en publiant le catalogue de sa bibliothèque, que nous n'avons fait que céder au désir exprimé par un ancien ami.

La tâche que nous avons entreprise était pour nous plus difficile encore que pour les livres, en raison du très-grand nombre de pièces à comprendre dans le catalogue et du peu de connaissances que nous possédions en gravures; mais grâce aux notes que nous avons trouvées et que nous avons toujours respectées, ainsi qu'aux nombreux ouvrages que nous avons pu consulter, nous espérons que ce catalogue sera bien accueilli des amateurs, et qu'ils nous pardonneront les fautes et les erreurs que nous avons pu commettre.

Le résultat de la vente de la bibliothèque, dont les beaux livres et les belles reliures ont atteint des prix très-élevés, a pu suffisamment démontrer l'importance de la collection de M. Hochart; mais nous pouvons déclarer hautement que les estampes et gravures comprises dans ce catalogue s'imposent encore davantage à toute l'attention des amateurs.

M. Hochart avait en effet formé cette collection avec plus de patience et plus d'amour encore, si c'est possible, que celle de ses livres, et le nombre des pièces que l'on trouvera mentionnées dans le présent catalogue, et qui s'élèvent à plus de douze mille, ainsi que leur importance comme mérite réel et comme conservation, pourront suffisamment témoigner des soins et des connaissances spéciales qu'a dû nécessiter la formation d'une collection aussi exceptionnelle.

Peut-être dira-t-on que nous sommes entrés dans trop de

détails en décrivant toutes les pièces que la collection renferme, mais nous avons dû en agir ainsi dans la crainte que des pièces recherchées dont nous aurions ignoré la valeur ne pussent échapper à l'attention des amateurs ; et, tout en courant le risque d'entrer dans des détails minutieux, nous avons pris le soin, toutes les fois que cela nous a été possible, d'indiquer les états ainsi que la condition des pièces mises en vente.

Nous rappellerons ici une observation importante que nous avons faite à propos des livres, c'est que pour se conformer au désir formellement exprimé par M. Hochart, aucun objet composant sa collection ne sera distrait de la vente aux enchères publiques.

Pour s'assurer du choix éclairé qui a présidé à la formation de cette collection, les amateurs n'auront qu'à jeter un coup-d'œil sur le catalogue où ils trouveront les pièces suivantes que nous signalons tout spécialement à leur attention :

ÉCOLE FRANÇAISE.

Les Audran, Nᵒˢ 1033 à 1034.
Baléchou, 66, 171 à 173, 1056 à 1066.
Beauvarlet, 73 à 76, 175 à 183, 1073 à 1080.
L. Cars, 83 à 87, 189, 1209 à 1213.
Chereau, 1122 à 1140.
Daullé, 1157 à 1175.
Les Drevet, 1189 à 1236.
Edelinck, 192, 1259 à 1393 (110 PORTRAITS).
Ficquet, 1395 à 1414.
Ingouf, 204 à 206, 1446 à 1451.
N. de Launay, 119 à 122 bis, 209 à 211, 1484 à 1488.
Lenfant, 1504 à 1518.
Th. de Leu, 1529 à 1544.
Marcenay de Ghuy, 1576 à 1589 (32 PORTRAITS).
Masson, 1599 à 1629 (31 PORTRAITS).
Mellan, 1634 à 1645.
Moncornet, 1658 à 1667.
Morin, 1670 à 1696.
Nanteuil, 221, 222, 1697 à 1885 (près de 200 PORTRAITS, la plupart en très-belle condition).
Picart (B.), 1898 à 1906.
Pitau, 1913 à 1925.
Les Poilly, 1926 à 1936.
Saint-Aubin, 1950 à 1970 (230 PORTRAITS).
Savart, 1972 à 1999.
Les Tardieu, 161, 2010 à 2023.
Wille, 237 à 249, 2050 à 2080.

Pour ce dernier nous avons cru bien faire en réunissant les estampes en feuilles et les portraits.

ÉCOLE DES PAYS-BAS.

Blooteling, 624 à 625.
Frey, 675, six très-belles eaux fortes.
Les Galle, 674 à 681.
Goltzius, 683 à 690.
Houbraken, 704 à 762 (plus de 300 PORTRAITS, la plupart avec marges et d'une grande fraîcheur).
Jode (P. de), 767 à 781.
Crispin de Pas, 817 à 823.
P. Pontius, 829 à 845.
Les Sadeler, 849 à 868.
Van Shuppen, 872 à 905 (40 PORTRAITS).
Tanjé, 923 à 935.
Vermeulen, le beau portrait de Marie-Louise de Tassis et les Nᵒˢ 951 à 965.
Visscher, le magnifique portrait de G. de Bouma, Nᵒ 235, et les Nᵒˢ 970 à 979.
Les Vosterman, 169, 981 à 994.
Les Wierix, 1001 à 1023.

Les graveurs nés à Lille sont représentés par Delvaux, Longueil, Helman, Masquelier, les frères Vaillant.

ÉCOLE ALLEMANDE.

Guttenberg, 198.
Hollar, 386 à 395.
Les Kilian, 399 à 412.
Muller, 218 à 220, 430 à 432 bis.
G.-F. Schmidt, 445 à 480.
Schmutzer, 228, le portrait de Dietrich.

ÉCOLE ANGLAISE.

Ardell, 497 à 503.
Baillie, 504 à 509.
J. Smith, 544 à 558.
Strange, 230 à 233.

ÉCOLE ITALIENNE.

Porporati, Léoni, Van Gelisty.

Nous comprenons que pour une collection aussi nombreuse il serait difficile de juger de la qualité et du mérite des pièces dans une exposition publique, aussi nous mettons-nous à la disposition des amateurs qui désireront la visiter, les 29, 30 novembre et 2 décembre, à partir de midi jusqu'au soir, et nous les prions de vouloir bien nous informer à l'avance de leur visite.

                                        L. B.

Lille, le 10 novembre 1869.

ORDRE DES VACATIONS.

Nous avons indiqué ce qui se vendra dans les deux vacations de chaque jour.

Lundi 6 décembre.

Suites de vignettes . . . .   1 à 62
Grandes estampes en feuilles. . . . .   63 à 170
Estampes encadrées. . . . .   171 à 250
Mélanges, pièces de différents genres.   251 à 284
Eaux-fortes. . . . .   285 à 288
Photographies. . . . .   289 à 290

Mardi 7 décembre.

Portraits divers. . . . .   291 à 342
  —   Ecole allemande. . . . . . .   343 à 496
  —   Ecole anglaise . . . .   497 à 572
  —   Ecole italienne . . . .   573 à 644

Mercredi 8 décembre.

Portraits, Ecole des Pays-Bas. . . . .   644 à 1027

Jeudi 9 décembre.

Portraits, Ecole française (EDELINCK)   1029 à 1393

Vendredi 10 décembre.

Portraits, Ecole française. . . . . .   1394 à 1696
  —   —   . . . . . .   1886 à 2049,2091

Samedi 11 décembre.

Dessins. . . . .   2092 à 2108
Livres . . . .   2109 à 2171
Œuvre de WILLE. . . . .   2050 à 2090
  —   de NANTEUIL . . . .   1697 à 1885

Le meuble sera vendu à la fin de la vacation du matin du samedi 11 décembre.

CONDITIONS DE LA VENTE.

Les acquéreurs paieront, en sus du prix d'adjudication, 10 p. % applicables aux frais, sans aucune rétribution pour les crieurs.

M. BEGHIN, libraire à Lille, chargé de la vente, et M. VIGNÈRES, marchand d'estampes, rue de la Monnaie, 13, à Paris, se chargeront des commissions de MM. les Amateurs; ils les prient de ne pas attendre le dernier jour pour les remettre.

CABINET

DE M. HOCHART

ESTAMPES ET PORTRAITS

PREMIÈRE PARTIE

SUITÉS DE VIGNETTÈS
POUR ILLUSTRER LES LIVRES.

1. ANACRÉON, BION, MOSCHUS, SAPHO et autres: 26 p. d'après Eisen, gravées par Massart, épreuves avant la lettre, in-8.   25

2. BOILEAU. 3 portraits, 6 vignettes et un fac-simile pour l'édition de Blaise, in-8.   7

3. — 6 gravures et frontispice pour le *Lutrin* dessinés et gravés par B. Picart, in-f°, montés sur papier fort.   20

4. — 6 vignettes et 1 port. dessinés par Desenne, gravés par Burdet, Chollet, Ethiou, Jaliotte, Pelée, 6 vignettes pour le *Lutrin* d'après Moreau; on y u joint 2 p. avant la lettre, en tout 15 p.   7

5. BOCCACE. 45 titres et culs de lampe, d'après Gravelot. Plusieurs sont doubles.   25

6. DON QUICHOTTE. 20 vignettes, d'après Navarro et autres, gravées par Duflos, épreuves avant la lettre, *suite incomplète*.   10 50

1.

7. Don Quichotte. 33 vignettes, d'après Navarro, Ximèno et autres, gravées par Duflos, épreuves sur chine avant la lettre. *Rare.*

8. — 12 vignettes d'après Déveria, gravées par Simonnet et Vallot, épreuves sur chine avant la lettre, g. in-8.

9. — 24 vignettes, d'après Lebarbier et Lefebvre, épreuves avant la lettre, in-8; on y a joint le port. de Cervantes de Queverdo.

10. — 12 vignettes et 1 port., d'après Courtin, gravés par Dutillois et autres, épreuves sur chine avant la lettre, g. in-8.

11. — 23 vignettes et 1 port., gravés d'après Carnicero, suite incomplète.

12. — Suite de 25 planches dessinées par Coypel et gravées par Cochin, Joullain, Surrugue, Tardieu et autres, in-f°.

13. — 31 vignettes, d'après Van der Bank et Van der Gutch, épreuves avant la lettre.

14. — 28 vignettes, d'après Hayman, gravées par Neist, g. in-8, épreuves avant la lettre.

15. Colardeau. 11 vignettes et 1 port., d'après Monet, g. in-8.

16. Le Comte de Valmont. 6 vignettes, d'après Moreau, épreuves avant la lettre, g. in-8.

17. Th. Corneille. 6 port. et 9 vignettes, d'après divers dessinateurs, g. in-8; les port. et 5 vignettes sont avant la la lettre. — *Jolie suite.*

18. Demoustier. Lettres à Emilie. 18 vignettes, d'après Desenne, épreuves avant la lettre, g. in 8

19. Fénelon. Télémaque. 7 vignettes, d'après Cochin, g. in-8, très-belles épreuves.

20. — 7 vignettes de Déveria et autres, in-8.

21. — 24 vignettes, d'après Moreau, gravées par Deghendt, Simonet, g. in-8; on a ajouté 3 p., d'après le même pour Aristonoüs et les Scythes, bonnes épreuves.

22. Fielding. Tom Jones. 9 vignettes, d'après Borel, in-8, épreuves avant la lettre.

23. Florian. 87 vignettes, d'après Desenne, épreuves avant la lettre, sur papier vert, petit in-8.

24. De Foe. Robinson Crusoé. 12 vignettes, d'après Stothart gravées par Delvaux, in-8; la pl. 3 est double, la 4e manque.

25. Gessner. 26 p., d'après Monnet, 10 p. pour Berquin, d'après Marillier, épreuves avant la lettre, et 31 p. diverses, d'après Marillier, Borel, etc., pour divers ouv.; 77 p. en tout.

26. Gresset. 9 vignettes, d'après Moreau, épreuves sur papier jaune avant la lettre.

27. Homère. 20 vignettes dessinées et gravées par B. Picart, belles épreuves montées sur 7 grandes feuilles.

28. Imbert. Jugement de Pâris, 4 vignettes et 1 frontispice, d'après Moreau, épreuves avant la lettre, in-8.

29. La Fontaine. 26 vignettes et 1 port., d'après Moreau, épreuves avant la lettre, g. in-8; on a ajouté 2 p. de la première suite avant la lettre.

30. — (Edit. Menard). 20 vignettes, d'après Desenne, épreuves avant la lettre, in-8.

31. — (Edit. Furne.) 12 vignettes et 1 port., dessinés par T. Johannot, gravées par Blanchard, Cousin, Kœnig et autres, g. in-8, très-belles épreuves du 1er tirage.

32. — 25 vignettes et un portrait, d'après Moreau, g. in-8, épreuves sur chine avant la lettre.

33. — 36 p. provenant de diverses suites, dans le nombre il y a 3 eaux fortes.

34. — Amours de Psyché. 8 vignettes et 1 port. dessinés par Moreau et gravés par Delvaux, in-18.

35. Mille et un jours. 14 vignettes dessinées par Dévéria, g. in-8, épreuves avant la lettre, plus les eaux fortes des 10 premières vignettes.

36. Mille et une nuits. (Edit. Pourrat.) 32 vignettes dessinées par divers, gravées sur acier et sur bois, g. in-8, épreuves sur papier de chine, les gravures sur acier sont avant la lettre.

37. Molière. 33 vignettes et 1 port. de Punt, in-12.

38. — (Edit. Menard.) 20 vignettes et 1 port. dessinés par Desenne, in-8, épreuves avant la lettre.

39. MONTESQUIEU. 12 vignettes, d'après Peyron, Perrin, Moreau et autres, in-4, 6 épreuves sont avant la lettre.

40. OVIDE. Métamorphoses. Vignettes pour l'édit. de Lemire et Basan (avec les cadres), Nos 1 à 48, 82 à 95, 97 à 118, — pour l'édit. de Saint-Ange, Nos 48 à 80, 118 à 139. ensemble 149 p.

41. — 18 p., par B. Picart, in-f.

42. L. RACINE. 3 vignettes et 1 port. dessinés par Duvivier, in-8, épreuves avant la lettre.

43. RECUEIL DE CONTES. 31 vignettes, de Duplessis-Bertaux, épreuves anciennes.

44. TASSE. Jérusalem délivrée. 31 vignettes, dessinées par Chasselat, in-8, épreuves avant la lettre et les eaux fortes, ensemble 42 p.

45. TIBULLE, trad. par Mirabeau. 12 vignettes et 1 portrait, dessinés par Borel.

46. VIRGILE. Georgiques. 5 vignettes dessinées par Moreau, tirées in-4, épreuves avant la lettre.

47. VOLTAIRE. Pucelle. 22 vignettes de Duplessis-Bertaux, in-18, épreuves sur papier de chine.

48. — Henriade. Très-belle suite de 10 vignettes ovales, in-8, épreuves avent la lettre.

49. — 20 vignettes de deux suites différentes dessinées par Ch. Eisen, gravées par de Longueil (de Lille), épreuves sur papier de chine, remontées; ces deux suites sont incomplètes de chacune une gravure.

50. — 10 vignettes dessinées par Moreau, in-4, et 11 autres p. de Moreau et Eisen, pour divers ouvr.

51. BEAUMARCHAIS. 6 p. gravées au trait, par Gautier pour Tarare et la mère coupable.

52. C. N. COCHIN fils, 14 vignettes diverses.

53. VARIA. Lot de 35 p., gravures hollandaises, ex libris, etc.

54. Lot de 48 p., d'après Eisen et Gravelot, pour divers ouvr., la plupart sont remontées.

55. 34 p. gravées par R. de Hooghe, en partie pour les Contes de Lafontaine.

56. 8 vignettes pour le poême de la guerre, gravées par Schmidt, eaux fortes, suite incomplète.

57. 28 vignettes, d'après Marillier, Moreau et autres, gravées par N. de Launay.

58. 53 vignettes, d'après Moreau pour Gessner et autres.

59. 21 vignettes, d'après Marillier, pour divers ouvrages.

60. VARIA. 16 p., d'après Eisen, 16 p., d'après Gravelot. — 3 vignettes et 2 port., gravés par Gaucher.

61. — Lot de vignettes, culs-de-lampes, etc., d'après Eisen, Gravelot, Moreau, Campiglia et autres, environ 150 p.

62. — 11 vignettes, d'après Gravelot, 10 port. des galeries de Versailles, 6 port. divers.

GRANDES ESTAMPES.

63. AUBERT (M.), travailla à Paris au commencement du XVIIIe siècle. Laban cherchant ses dieux que Rachel lui avait dérobés, d'après Jeaurat (L. 1.)

64. — La mort d'Adonis, d'après Boucher, p. en larg. *Jauni.*

65. Quatre pièces, d'après AUBRY.—1. Les amans curieux, par J.-C. Le Vasseur (L. 27.) — 2. L'amour fraternel, par le même (L. 38.) *Ces deux pièces sont en mauvaise condition.* — 3. La bergère des Alpes, par Leveau (L. 6.) *Tachée d'eau.* — 4. L'heureuse nouvelle, par Simonnet.

66. BALÉCHOU (J.-J.) 2 p. en h.—1. La naissance, d'après Dandré Bardon. — 2. L'enfance, d'après le même (L. 77.)

67. BALLIU. Suzanne au bain, épiée par deux vieillards, d'après Martin Pepyn. G. Hendrick, exc. (L. 131.) p. en h. *Belle épreuve.*

68. BARNS, graveur anglais. Vue de Landskron, près de Bâle, d'après Belangé (L. 7.), p en h.

69. BARTALOTTI (F.) A Lecture on Gadding, d'après Smith.

70. Bartolozzi. Deux sujets tirés de l'histoire d'Angleterre.—
1. La jalousie, d'après Cipriani. — 2. Olivier Cromwel,
d'après le même.

71. — Clytie, d'après Ann. Carracci, tableau du cabinet de
John Strange. (L. 122.) p. en h

72. Basire (James), né à Londres vers 1740. Oreste et Pylade,
d'après B. West. *Belle épreuve avant la lettre et sur papier
de soie.*

73. Beauvarlet. La double surprise, d'après G. Dow, p. en h.
Jauni.

74. — Jeu de trictrac, d'après Téniers (L. 49.) p. en h.
Epreuve moderne.

75. — La marchande d'amours, d'après Vien (L. 28.) p. en h.
Mouillures dans la marge du bas.

76. — Deux pendants. — 1. Offrandes à Cérès, d'après Vien.
— 2. Offrandes à Vénus, d'après le même, p. en h.

77. Benazech (P.-P.), né en Angleterre en 1744. Le jeu de
courte boule, d'après Van Ostade (L. 26.) p. en h. *Belle
épreuve, doublée et sale.*

78. Bervic. La demande acceptée, d'après Lépicié (L. 13.)
Grande pièce en travers.

79. Boisson (Etienne). Le panier renversé, d'après F. Schall.
p. en h.

80. Bolswert (S. A.) 3 p.— 1. Silène ivre, soutenu par un satyre
et par une autre figure, d'après P.-P. Rubens (H. R. 44.)
p. en h., *a un peu souffert.*— 2. Le sacrifice d'Abraham,
d'après Rombouts (H. R. 12.) p. en h. — 3. Le vieux
Silène, conduit par une bacchante et un homme accom-
pagné d'un buveur et d'un nègre lascif, d'après A. Van
Dyck. *Bolswert sculpsit C. Galle excudit.* p. en h. *Très-
belle épreuve.*

81. Bouquet. Oh, che fortuna, d'après Sicard, p. en h.

82. Bunel (Michel). Ecole allemande, d'après P. Breugel.

83. Cars (Laurent). Adam et Eve tentés par le serpent, d'après
F. Lemoine (L. 1.) p. en h. *Remontée.*

84. — Deux pendants. — 1. Iphigénie près d'être sacrifiée
(L. 14.) — 2. Hercule assommant Caccus, d'après le même
(L. 11.) p. en h. *Epreuves avant la lettre.*

85. Cars (Laurent). Le temps qui enlève la vérité, d'après le
    même, p. en h.
86. — La même, 2ᵉ état avant la lettre.
87. — Deux pendants.—1. Céphale enlevée par l'aurore, d'après
    le même L. 9.) — 2. Jupiter enlevant Europe, d'après
    le même (L. 10.) p. en h.
88. Chevillet (Juste), né à Francfort-sur-l'Oder en 1729.
    Deux pendants.— 1. L'amour des fleurs, d'après Le Prince
    (L. 58.)—2. L'amour du travail, d'après le même (L. 59.)
    p. en h.
89. — Deux pendants. — 1. Jeune anglaise touchant du piano,
    d'après Baader (L. 71.) — 2. La jeune sultane, d'après
    Le Gendre (L. 73.) p. en h.
90. — 3 p. d'après Schenau. — 1. La bonne amitié (L. 63.) —
    2. Image de la beauté (L. 70.) — 3. La leçon de bota-
    nique (L. 74.) p. en h.
91. — 2 p. — 1. Le petit marchand d'oranges, d'après Wille
    fils, p. en h. — 2. Le léger vêtement, d'après Beaudoin.
92. Caquet (J.-G.). né à Paris en 1749. L'innocence en danger,
    d'après Lawreince (L. 10.) p. en h.
93. Coulet (Anne-Philiberte), née à Paris en 1736. Les plaisirs
    champêtres, d'après Loutherbourg (L. 10.) p. en h.
94. Danguin. La maîtresse du Titien, d'après le Titien, publié
    par la Société de gravure.
95. Daullé (Jean). Naissance et triomphe de Vénus, d'après
    F. Boucher (L. 7.) Ovale in-f.
96. — 5 p. in-f., d'après Boucher.—1. La souffleuse de savon.
    — 2. Le marchand d'oiseaux. — 3. La marchande d'œufs
    et deux autres pièces ; *manquent de fraîcheur*.
97. Delvaux. Le Chasseur, d'après Gab. Metzu (L. 18.) p. en h.
98. Dennel (Louis), né à Abbeville en 1741. Deux pendants.
    1. L'attention dangereuse, d'après F. Boucher (L. 13.)
    — 2. La vertu irrésolue, d'après H. E. Vigée (L. 19.)
    p. en h. *Tachées d'eau*.
99. Devisse (J.-B.), travail. à la fin du XVIIIᵉ siècle. La
    mort du chevalier d'Assas, d'après Casanova. p. en h.

100. Duchange (G.) Solon expliquant ses lois aux Athéniens; d'après Noel Coypel (L. 29.) g. in-f. en large.

101. Duflos (Ch.) 4 p. div. — 1. Le massacre des innocents, d'après Lebrun (L. 6.) p. en h. *Bonne épreuve, elle est remontée.* — 2. Le berger avec son oiseau, d'après Soldini (L. 173.) p. en larg. — 3. La revendeuse à la toilette, d'après Aubert (L. 195.) p. en h. — 4. Le retour désiré, d'après Schenau (L. 196.) g. in-f. en h.

102. Dupuis (N.) Enée sauvant son père Anchise de l'embrasement de Troie, d'après Van Loo (L. 15) g. in-f. en h.

103. Facius (G.-S. et J.-G.), nés à Ratisbonne vers 1750. La naissance de Vénus, d'après Ch. Burry (H. R. 16.) Ovale impr. en rouge. La même imprimée en couleur.

104. Gaillard (R.) 2 p. — 1. Silvie délivrée par Aminte, d'après F. Boucher (L. 9.) p. en h. *Condition médiocre, tachée.* — 2. La voluptueuse, d'après Greuze (L 56.) g. in-f. en h.

105. Gaucher (Ch. H.) Voltaire couronné au théâtre français, d'après Moreau le jeune (L. 27.) p. en h. *2 exemplaires.*

106. Geoffroy. Le harem, d'après Diaz.

107. Ghendt (E. de), né en Flandre en 1728. Promenade du prince d'Orange au village de Schevelingue, d'après A. Van de Velde (L. 49.) in-f. en large.

108. D'après Greuze. Le père de famille, par Martenasie (L. 7.)

109. — La vertu chancelante, par P.-F. Massard (L. 91.)

110. 2 p., d'après le même. — 1. La rêveuse, gravée par Ingouf. — 2. La pleureuse ou la perte du serin, gravée par Flipart. *Tachées d'eau.*

111. Guttenberg (Ch.). Invocation à l'amour, d'après Théolon (H. R. 3.) p. en h.

112. Halbou. Agar présentée à Abraham, d'après Netcher, in-f.

113. Helmann (J.-S.), né à Lille en 1743. Le charlatan français, d'après Duplessis-Bertaux (L. 36.) in-f. en h.

114. — La même estampe, épreuve avant la dédicace.

115. — 3 p. — 1. La leçon inutile, d'après Leprince (L. 38.) — 2. Le médecin clairvoyant, d'après le même (L. 40.) — 3. Entrée de Blanchard et Lépinard, d'après L. Watteau, *Sale et déchirée.*

116. Hubert (F.) Deux pièces. 1. Le marchand de cornes, d'après Le Nain, p. en h. — 2. La nouvelle Héloïse, d'après Le Febvre (L. 19.), gr. in-f. en h.

117. Hyre (Laurent de la), né à Paris en 1606. Le sacrifice de Gédéon (L. 1.) *Estampe gravée sur deux planches jointes ensemble. Elle manque de marge.*

118. Janinet (Fr.), né à Paris en 1782. Villa Sachetta, d'après Hubert (L. 77.), in-f. en larg., imp. en couleur.

119. Launay (de). Six pièces en larg. — 1. L'abus de la crédulité, d'après Aubry. — 2. Le bonheur du ménage, d'après Le Prince. — 3. L'enfant chéri, d'après le même. — 4. Les beignets, d'après Fragonard. — 5. L'heureuse fécondité, d'après le même. — 6. Dites donc, s'il vous plaît, d'après le même. *Bonnes épreuves, mais jaunies.*

120. — La marche de Silène, d'après Rubens.

121. — Deux pièces in-f. en larg. — 1. Le poète Anacréon, d'après Baudouin. — 2. La gaieté de Silène, d'après le même. *Belles épreuves.*

122. — Trois pièces. — 1. Angélique et Médor, d'après Raoux (L. 5.), gr. in-f. en larg. — 2. Le carquois épuisé, d'après Baudouin, gr. in-f. en h. — 3. Le petit jour, d'après Freudenberg (L. 31., gr. in-f. en larg.

122 bis. — Quatre pièces, d'après Lawreince, gr. in-f. en h. 1. Le billet doux (L. 19.) — 2. La consolation de l'absence. — 3. L'heureux moment (L. 30.) — 4. Les soins mérités. *(Pièce curieuse.)*

123. — L'heureuse fécondité, d'après Fragonard (L. 28.) *Deux exemplaires avec de grandes marges.*

124. — Première leçon d'amitié fraternelle, d'après Aubry (L. 32.)

125. Legrand (Aug.) La joie du peuple à l'annonce du traité de paix, d'après Debucourt, p. en l.

126. — Quatre pièces, d'après Schéll, in-f. — 1. Le premier mouvement de la nature. — 2. Le premier baiser de l'amour. — 3. Le clocher de Meilleraie. — 4. L'Élisée. *Condition médiocre.*

127. — Deux pièces in-f. — 1. Orphée et Eurydice, d'après A. Kauffman. — 2. Werther et Charlotte, d'après Kingbury.

128. LEMPEREUR (L. S.) Le triomphe de Silène, d'après Van Loo, p. en larg. *Jauni.*

129. — Deux pièces. — 1. Le triomphe de Silène, d'après Van Loo (L. 5.), in-f. en larg. — 2. Les forges de Vulcain, d'après Pierre (L. 11.), gr. in-f. en larg.

130. — Les baigneuses, d'après Van Loo (L. 45.), gr. in-f. en h. *L'eau forte de la même estampe.*

131. Mme LEMPEREUR. Les travaux champêtres, d'après Wouvermans (L. 12.), gr. in-f. en larg.

132. LÉPICIÉ. Deux pièces. — 1. Le bénédicité, d'après Chardin (L. 40.), in-f. en h. *Belle épreuve.* — 2. Jupiter et Io, d'après J. Romain (L. 8.), pet. in f. en h.

133. LE VASSEUR. Trois pièces. Deux pendants. — 1. Maison de pêcheurs d'Abbeville, d'après Hackert (L. 63.) — 2. Maison de pêcheurs de Saint-Valéry, d'après le même (L. 66.), p. en larg. *Tachées d'eau.* — 3. L'âge agréable, d'après Laubert (L. 36), in-f. en h.

134. LINGÉE. Trois pièces, d'après C. N. Cortun, imp. en rouge. — 1. Panis angelorum. — 2. Panis hominum. — 3. Les Confidences, d'après Freudenberg.

135. LOIR (Alexis). Vénus montrant à Énée les armes qu'elle lui donne, d'après Le Poussin (L. 17.), in-f. en h. *Tachée.*

136. LONGUEIL (Joseph de), né à Lille en 1736. Les Modèles, d'après J.-B. Le Prince (L. 49.), gr. pièce en larg.

137. MASQUELIER (L.-J.), né à Cysoing en 1741. Première vue d'Ostende, d'après Le May, gr. in-f. en larg. *Tachée.*

138. MIGER. Junon empruntant la ceinture de Vénus, d'après Regnauld (B. C. 25.), gr. in-f. en larg.
    M. Bellier de la Chavignerie, dans son catalogue de Miger, dit qu'il n'a pu trouver cette estampe.

139. — La blessure sans danger, d'après F. Boucher (B. C. 38), gr. in-f. en h.

140. MOITTE (F. A.) Le confessionnal, d'après Baudouin (L. 10.), gr. in-f. en larg.

141. Deux pièces de MOREAU (le jeune), ou d'après ses dessins. — 1. Le tombeau de J.-J. Rousseau à Ermenonville (L. 65.) — 2. La même estampe avec le nom de l'artiste gravé à la pointe.

142. — Deux pièces d'après le même. — 1. Dernières paroles
de J.-J. Rousseau, par Guttemberg. — Arrivée de
J.-J. Rousseau aux Champs-Elisées, par Macret (L. 11.)
Deux belles épreuves avec marge.

143. MULLER (J.-G.) La nymphe Erigone, d'après Jollain (L.
10.), pet. in-f. en h.

144. MUNNICKHUYSEN. L'automne et l'hiver sous la figure de
deux enfants, d'après G. de Laéreƒƒe (L. C. 9.), in-f.
en h.

145. NÉE (Denis), né à Paris en 1732. La danse des ours,
d'après Mayer (L. C. 12), in-f. en larg. Epreuve avant la
lettre.

146. OUVRIER (J.), né à Paris en 1725. Les nymphes au bain,
d'après F. Boucher, gr. in-f. en h.

147. PASQUIER (J.-J.), né à Paris vers 1736. Les Grâces, d'après
Van Loo (H. R. 4.), gr. in-f. en h. — L'eau-forte de la
même estampe.

148. PELLETIER. Les dames allant à la chasse, d'après Wouvermans, in-f. en larg. *Fort tachée.*

149. PILLEMENT FILS. Piége tendu par l'Amour, d'après Collet,
gr. in-f. en larg. *Les figures ont été gravées par Godefroy,
de Londres.*

150. PONCE (N.) L'enlèvement nocturne, d'après Baudouin (H.
R. 5.), in-f. en h.

151. Melle RIOLLET. Le mauvais riche, d'après Teniers (H. R. 1),
gr. in-f. en larg. *Cette estampe a été gravée sous la direction de Beauvarlet.*

152. ROSSELLO. Le Christ mort, d'après Ph. de Champagne
Publié par la Société de gravure.

153. SAINT-AUBIN et PRUNEAU. L'amour à l'espagnole, d'après
Le Prince, in-f. en h.

154. SCHWAB (J.-G.). Deux pendants en h. — 1. La curiosité
punie, d'après Schenau. — 2. Moletrina Fallax, d'après
le même.

155. SMITH (G.), Les cueilleurs de houblon, d'après Vivares.

156. STRANGE. La Fortune, d'après Guido Reni (L. B. 4.), in-f.
en h. *Légèrement piquée.*

157. STRANGE. Deux pièces. — 1. Vénus, d'après Tiz. Vecelli
(L. B. 27.) — 2. Danaé, d'après le même (L. B. 35.)
La condition laisse à désirer.

158. SULLIVAN. La tentation de Saint Antoine, d'après Teniers,
gr. in-f. en larg. *Tachée.*

159. SURUGUE (L.) Persée délivre Andromède, d'après Coypel,
in-f. en larg.

160. TANJÉ. Vignette représentant les sciences et les arts. Le
dessin de la même vignette.

161. TARDIEU (P.-F.) Diane et Actéon, d'après F. Boncher, in-f.
en larg.

162. D'après TENIERS, cinq pièces. Deux pendants. — 1. Départ
pour le Sabbat, par Aliamet (L. 2.) — 2. Arrivée au Sabbat, par le même. — Deux pendants. — 1. Amusements
flamands, par Lempereur (L. 42.) — 2. Délices des Flamands, par le même (L. 48.) — La crédule laitière, sans
nom de graveur, gr. pièce en larg.

163. TRIÈRE (Ph.), né en 1736. Une estampe avant la lettre,
d'après Dugourc.

164. VAILLANT (W.), né à Lille. Une jeune femme cuirassée, le
casque en tête, tenant en main une flèche dont elle veut
se percer. *Gravure en manière noire.*

165. VIDAL. Memnon ou l'écueil du sage, d'après J.-M. Moreau le Jeune, in-f. en h.

166. VOYEZ (l'aîné). Deux pendants, in-f. en h. — 1. La dame de
charité, d'après Eisen. — 2. Le philosophe charitable,
d'après Careme.

167. — Deux pendants, in-f. en h. — 1. Le bouton de rose,
d'après Wille. — 2. La curieuse, d'après le même.

168. VOYSARD (E.-C.), né à Paris en 1746. L'allaitement mater-
nel encouragé, d'après Borel (H. R.), in-f. en larg.
Epreuve avant la lettre.

169. VORSTERMAN (L.) LE VIEUX. Suzanne surprise au bain par
les vieillards, d'après P.-P. Rubens (H. R. 10.), in-f. en
h. *Belle épreuve.*

170. D'après WATTEAU, trois pièces. 1. Le printemps, par Desplaces. — 2. L'été, par J. Renard. — 3. L'automne, par
Faissard. *Elles sont doublées.*

ESTAMPES ENCADRÉES.

171. Baléchou. Auguste III, roi de Pologne, d'après Rigaud ; *25*
très-belle épreuve.

172. — Les Baigneuses, d'après Joseph Vernet.

173. — 2 pendants. — 1. La Tempête, d'après Joseph Vernet. *6 50*
— 2. Le Calme, d'après le même. *Mouillures.*

174. Basan. 1. Le Lever hollandais, d'après Mieris. — 2. Le   *8*
Déjeuner hollandais, d'après le même.

175. Beauvarlet. Le Café hollandais, d'après Van Ostade.   *4*

176. — Les Couseuses, d'après Guido Reni, épreuve avant la *39*
lettre.

177. Beauvarlet et Mélini. 2 pendants. — 1. Les Enfants du *46*
comte de Béthune, gravé par Beauvarlet d'après Drouais.
— 2. Les Enfants du comte de Turenne, gravé par Mélini
d'après le même.

178. Beauvarlet. Histoire d'Esther, d'après F. de Troy, 7 p. *82*
en larg.

179. — La Marchande d'amours, d'après Vien, épreuve avant *27*
la lettre.

180. — La Marchande de marrons, d'après Greuze. *Légères*   *6 50*
mouillures.

181. — 2 pendants. — 1. Télémaque dans l'île de Calypso, *66*
d'après Lagrenée. — 2. Les Chevaliers Danois séduits
par les nymphes d'Armide ; épreuves avant la lettre.

182. — 2 pendants. — 1. La Conversation espagnole, d'après *50*
C. Van Loo. — 2. La Lecture espagnole, d'après le même ;
belles épreuves.

183. — Le Colin-Maillard, d'après Fragonard. *Mouillures.*   *5 25*

184. Bervic. L'Éducation d'Achille, d'après Regnault.   *3*

185. — Le Repos, d'après Lépicié.   *15*

186. D'après Boucher. Pensent-ils à ce mouton ? gravé par   *8*
M^ᵐᵉ Jourdan.

187. D'après le même. Vertumne et Pomone, gravé par A. St- *10 50*
Aubin.

188. CANOT. 1. L'Amoureux buvour, d'après Teniers. — 2. Le Buveur hollandais, d'après le même.

189. CARS (Laurent). Hercule assommant Cacus, d'après Fr. Lemoine.

190. COUCHÉ (J.). La petite Thérèse, d'après Céresme.

191. DARCIS. L'Arrivée de la course, d'après C. Vernet.

192. EDELINCK (G.). Portrait de Ch. d'Hozier, d'après Rigaud. *Magnifique épreuve, grandes marges.*

193. FINLAISON. Miss Metcalfe avec son chien, d'après N. Hone.

194. FISHER (E.). Portrait de Sandby, peintre, d'après F. Cotes.

195. GIRARD. Le Decameron, d'après Winterhalter.

196. GREEN (Valentin). Portrait de jeune fille, d'après Willison.

197. GOLTZIUS (H.). Portrait de Philippe de Galles ; belle épr.

198. GUTTENBERG (Ch.). La Suppression des ordres monastiques, d'après Defrance. *Pièce curieuse.*

199. — La Mort du général Wolf, d'après West (réduction). *Mouillures.*

200. HELMAN (né à Lille). 1. Quatorzième expérience aérostatique de Blanchard, d'après Watteau. — 2. Entrée de Blanchard et de Lépinard, d'après le même.

201. — Une deuxième épreuve aussi encadrée de la quatorzième expérience.

202. — La Confédération des départements du Nord, de la Somme et du Pas-de-Calais, d'après Watteau. *Mouillures.*

203. — Le Marchand de lunettes, d'après Le Prince.

204. INGOUF (F.-R.). Les Canadiens au tombeau de leur enfant, d'après Le Barbier.

205. — Portrait de Gérard Dow, d'après lui-même ; très-belle épreuve.

206. INGOUF le jeune. Le retour du laboureur, d'après Benazech.

207. KLAUBER (I.-S.). La Femme de Mieris, d'après F. Mieris.

208. LASALLE. — 1. Médée, d'après Eug. Delacroix. — 2. Faust, d'après Scheffer ; deux très-grandes lithographies.

209. Launay (N. de). La Bonne Mère, d'après Fragonard ; 46
belle épreuve.

210. — Les Hasards heureux de l'escarpolette, d'après Frago- 33
nard.

211. — La Marche de Silène, d'après Rubens. 5

212. Lempereur. 2 pendants. — 1. Les Grâces lutinées par les 25
Amours, d'après Lagrenée. — 2. Les Amours enchaînés
par les Grâces, d'après le même.

213. Lépicié. — 1. L'Espagnolette, d'après Grimoux. — 2. Le 10 50
Flûteur, d'après le même.

214. Le Vasseur. L'Enlèvement de Proserpine, d'après De Troy. 10

215. Liénard (J.-B.), né à Lille. Deux Paysages d'après Len- 18 50
tara ; épreuves avant la lettre.

216. Michel (J.-B.). Teniers's kitchen (les Cuisines de Teniers), 17
d'après Teniers.

217. Moreau (J.-M.). Le Coucher de la mariée, d'après Bau- 29
douin (terminé par Simonnet.)

218. Muller (F.-G.), Loth avec ses filles, d'après Hontorst. 8 50

219. — Portrait de Moser Mendelssohn, d'après Frisch ; belle 6
épreuve.

220. — Portrait de J.-G. Wille, d'après Greuze ; belle épreuve. 11 50

221. Nanteuil. Portrait de Louis Hesselin (R. D. 110). 8 50

222. — Portrait de La Chambre (Marin Cureau de) R. D. 116 ; 7 50
belle épreuve remontée.

223. Porporati. Agar renvoyée par Abraham, d'après Van Dyck. 10 50

224. — Le Coucher, d'après C. Van Loo. 7 50

225. — Suzanne au bain, d'après Santerre. 13

226. — Tancrède combattant Clorinde, d'après Van Loo ; épreuve 12
avant la lettre.

227. — Vénus caressant l'Amour, d'après Pompée Battoni. 7

228. J. Schmutzer. Portrait de Dietrich, d'après lui-même ; 10 50
belle épreuve.

229. Simonet. La Privation sensible, d'après Greuze. 5 50

230. STRANGE. 1. Charles Ier, roi d'Angleterre, d'après Van Dyck. *Légère mouillure dans le bas de la marge.* — 2. Henriette-Marie, reine d'Angleterre, d'après le même ; belles épreuves.

231. — La Chasteté de Joseph, d'après Guido Reni.

232. — Vénus bandant les yeux de l'Amour, d'après Le Titien.

233. — Vénus et Adonis, d'après Le Titien.

234. SULIVAN. Représentation de la marche des gardes, à Finchley-Common en Ecosse, d'après Hogarth. *Rare.*

235. VISSCHER (C.). Portrait de Gellius de Bouma, ministre de l'Evangile à Zutphen ; très-belle épreuve.

236. VERMEULEN. Portrait de Marie-Louise de Tassis, d'après Van Dyck ; belle épreuve.

237. WILLE. Agar présentée à Abraham, d'après Dietrich (3e état).

238. — Portrait de F. Berregard, d'après J.-L. Tocqué.

239. — La Bonne Femme de Normandie, d'après P.-A. Wille. *Tachée.*

240. — La Cuisinière hollandaise, d'après G. Metzu.

241. — 2 pendants. — 1. L'Instruction paternelle, d'après Terbourg ; belle épreuve. — 2. Le Concert de famille, d'après Schalken ; très-belle épreuve. *Légère mouillure dans la marge du bas.*

242. — Le Jeune Joueur d'instrument, d'après G. Schalken.

243. — La Ménagère hollandaise, d'après Gérard Dow.

244. — La Mort de Marc-Antoine, d'après Pompeo Battoni ; épreuve avant la lettre.

245. — 2 pendants. — 1. Les Musiciens ambulants, d'après Dietrich. — 2. Les Offres réciproques, d'après le même. *Deux belles épreuves légèrement piquées.*

246. — L'Observateur distrait, d'après F. Miéris. *Légèrement taché.*

247. — La Petite Ecolière, d'après J.-B. Schenau.

248. — La Tante de Gérard Dow, d'après Gérard Dow ; épreuve du 3e état.

249. WILLE. La Tricoteuse hollandaise, d'après F. Mieris; belle
épreuve.

250. Deux estampes avant la lettre, d'après Boucher.

MÉLANGES, PIÈCES DE DIFFÉRENTS GENRES.

251. BONNART. Les Arts libéraux, les Beaux-Arts, etc., suite
de 8 p. d'après Audran et autres, in-4 ovale obl.

252. BRY (J. Théod. de). 3 estampes en forme de frise.—1. Fête
de village, d'après Hans Sébald Beham. — 2. Marche de
soldats avec leurs femmes. — 3. Autre marche de soldats, un officier commandant le train, d'après Hans
Sébald Beham.

253. CALLOT (Jacques). Lot de 106 pièces. — Les Fantaisies,
12 p. — Copies des mêmes, 12 p. — L'Enfant prodigue,
11 p. — Le Martyre des Apôtres, 16 p. — Les Bohé-
miens, 4 p. — Copies des mêmes, 4 p. — Diverses vues
dessinées à Florence, 12 p. — Misères et malheurs de
la guerre, 18 p. — 15 p. de la vie de la Vierge. — La
Tentation de Saint-Antoine. — Portrait de Callot.

254. Recueil de testes de caractères et de charges dessinées par
L. de Vinci et gravées par le comte de Caylus, et un
recueil de 9 autres pièces.

255. CŒLEMANS. 31 pièces pour recueil des plus beaux tableaux
du cabinet de messire J.-B. Boyer, seigneur d'Aguilles,
in-folio.

256. COLLAERT (Ad.). 17 pièces animaux; remontées.

257. DUSART (C.). De Vermaarde Schoenmaaker. Le Cordonnier
célèbre (H. R. 4). Pièce très curieuse.

258. FOLKEMA. 15 pièces diverses, la plupart gravées pour des
livres.

259. Quatre gravures religieuses d'après Hallez, in-4.
Epreuves sur papier de Chine.

260. HOOGHE (R. de). Lot de 13 pièces diverses, in-f.

261. GHEYN (Jacques de), le vieux. Vreedsamich paer (le couple heureux), 1565. Très-belle épreuve de cette pièce rare.

262. LEBAS (J.-P.) 12 pièces diverses, in-4.

263. MARCUS. 26 portraits, 5 vignettes, 3 caricatures au trait, ensemble 34 pièces. *Très-joli lot; toutes les pièces sont avant la lettre, quelques-unes sont doubles.*

264. Suite de cinq pièces gravées par Mariette.

265. Suite de 19 vues inventez et gravez par Perelle.

266. PICART (B.). Monument consacré à la postérité en mémoire de la folie incroyable de la vingtième année du XVIII⁰ siècle, in-f. *Pièce curieuse sur le système de Law.*

267. — Diverses modes dessinées d'après nature. Suite de 30 estampes, y compris le titre, montées sur huit grandes feuilles. Épreuves avant les numéros.

268. — Lot de 53 pièces de différents genres et différents formats : frontispices, vignettes, médailles, etc.

269. — Lot de 77 petites pièces dans lesquelles : Robinson, 14. Sciences et arts, 8. — Quatre parties du jour, 4. — Portraits in-4 pour l'histoire d'Angleterre, 16.

270. Lot de 8 pièces (vues) d'Israel Silvestre.

271. WIERIX (Jean). Les sept péchés capitaux, suite de 7 petites pièces (1304 à 1310). — Les Vertus, suite de 7 petites pièces, 1382-1389 (le N° 1388 *spes* manque). — Planètes, 6 pièces diverses.

272. WIERIX (J.-H.). Le Baptême de Jésus dans le Jourdain, p. en t.

273. VOLPATO. 8 pièces in-f. en h., d'après Maggiotto, représentant divers métiers, tels que le boulanger, le remouleur, l'arracheur de dents, etc. *Très-jolie suite.*

274. PREVOST, La Taverne de Jean Ramponaux. *Pièce curieuse.*

275. Trois pièces. — 1. Le tombeau de Voltaire, *taché.* — 2. Le couronnement de Voltaire. — 2. L'arrivée du roi de Prusse aux Champs-Élisées et sa réconciliation avec Voltaire par Henri IV.

276. Les quatre Éléments, d'après Vleugel, in-4.

277. Trois pièces diverses.— 1. Massacre de Henri IV, de Bouttats. — 2. Prise de la Bastille. — 3. Aux incrédules de Paris (ascension d'aérostats).

278. Huit pièces. Portraits de Ch.J. Vernet, J.-F. Huë et Six. Vues de ports de mer.

279. Lot de 21 caricatures, la plupart coloriées. — La chaude déclaration. — L'anglais en bonne fortune. — Décence. — Ivanhoë au travail, etc. *Lot très-curieux.*

280. Lot de 33 petites pièces, la plupart imprimées en couleur et en bistre. Antiques, sujets d'amour, etc.

281. Varia. 37 pièces, vues et figures, Drevet, Israël, J. Peteers et autres.

282. Lot de 46 pièces gravées, vues, vignettes, etc., provenant de diverses publications.

283. Varia. 6 grandes pièces. La prière des jeunes filles, d'après Barroud, gravé par Davry. — Deux lithographies d'après Eug. Delacroix. — Église de N.-D. de la Treille, de Lille, lithog. — P. Gobrecht, doyen-curé de Saint-André, de Lille, d'après O. Dehaes, lithog. — Louis-Napoléon Bonaparte, président de la République, lithog. par L. Noël d'après H. Vernet.

284. Lot de 9 pièces sur parchemin avec les signatures de Louis XIV, Louis XV, Louis XVI et le Régent.

EAUX-FORTES.

285. Boissieu. 18 pl., eaux fortes diverses.

286. 4 eaux fortes in-fol., gravées par Max. Lalanne, Bracquemond et Martial.

287. Rembrandt. 5 eaux fortes, épreuves modernes, et 3 autres eaux fortes.

288. Pièces choisies, composées par Ant. Watteau et gravées par Marks, 30 p. in-4.

PHOTOGRAPHIES.

6. 289. 9 phot. publ. par Goupil. — 1. Faust, d'après Ary Scheffer.
— 2. Marguerite, d'après le même. — 3. L'odalisque,
d'après Ingres. — 4. La nouvelle Suzanne, d'après
Lepoitevin. — 5. Le contrat rompu, d'après Destouches.
— 6. Le mauvais sujet et sa famille, d'après Grenier. —
7. Un portrait mal payé, d'après Girardet. — 8. C'est un
vaurien, d'après le même. —9. L'école de chant, d'après
Schlasse.

Ces 9 p., format in-f., sont d'une conservation parfaite.

2. 290. 12 phot., g. in-f. Les moissonneurs de Léop. Robert. —
L'improvisateur. — Vues d'Heidelberg, Francfort.
La conservation laisse à désirer.

—◆◆◆—

DEUXIÈME PARTIE

PORTRAITS DIVERS.

291. 1. Portrait de Rétif de la Bretonne, gravé par Nargeot.
— 2. Le même, épreuve sur papier de chine.

292. Quatre portraits in-4, d'artistes et hommes de lettres. —
1. Bigelow, gravé par Aubert. — 2. Lebrun et Mignard,
gravé par Pedretti.—3. H. de Balzac, gravé par Berthall.
— 4. H. Monnier, lithog. par Gavarni.

293. Potrelle. Quatre portraits d'artistes, in-4. — 1. Michel-
Ange. — 2. Raphaël. — 3. Jules Romain. — 4. Rubens.

294. Lot de douze portraits d'artistes, la plupart lithographiés,
extraits de l'*Artiste*.

295. Cinq portraits d'amateurs d'estampes et de livres, g. in-4.—
1. Duchesne aîné, gravé par Porreau, épreuve sur chine.
— 2. Laterrade, gravé par le même, épreuve sur chine.
— 3. Robert Dumesnil, gravé par Chabannes. — 4. Le
baron Denon, gravé par Fremy. — 5. J.-Ch. Brunet,
gravé par Staal.

296. Portraits pour l'histoire des peintres, gravés par Houbraken,
g. in-8, 41 pièces comprenant cent deux portraits, belles
épreuves.

297. Vingt portraits de l'histoire des peintres, de d'Argenville.

298. Lot de trente-cinq portraits anciens et modernes de graveurs
et de peintres, il en renferme quelques-uns de très-beaux.

299. Lot de onze portraits anciens, gravés par divers maîtres.

300. Lot de treize jolis portraits, gravés : Florian, Parny,
Collé, Voltaire, Chaulieu, La Fontaine, Montaigne.

301. Lot de onze petits portraits, montés sur 2 feuilles. — Deux portraits différents de Quesnel, in-4. — Portrait de H.-P. Chauvelin, in-4. — Portrait de Moncade, in-4.

302. Lot de vingt-un petits portraits, écrivains, personnages célèbres, etc.

303. Vingt-un portraits divers, in-4 et in-8.

304. Vingt-trois portraits divers, in-f. et in-4.

305. Vingt-cinq portraits, in-8, gravés par A. Tardieu. Savants, hommes de lettres, etc.

306. Vingt-cinq portraits gravés, de la collection des hommes utiles, in-8.

307. Lot de quatre portraits d'Henri IV, deux de Louis XIV, un de Louis XVIII, un de Marie-Thérèse, fille de Louis XVI, un de Marie-Antoinette.

308. Lot de cinq pièces. — 1. Louis XVI (avant la lettre). — 2. Marie-Antoinette. — 3. G. Couthon. — 4. Pie VI. — 5. Grégoire XVI, in-4.

309. Trente portraits. Louis XVI. Marie-Antoinette. Benoît Labre. Corneille. Crébillon. Fréron. etc., des collections publiées par Esnauts et Rapilly.

310. Lot de six portraits in-f. — 1. Lorry. — 2. Maréc. d'Estrées. — 3. Winslow. — 4. L'abbé Chappe. — 5. L'abbé Nollet. — 6. Rossignol.

311. Six pièces. Portrait du Dante et masque du même, gravés par Dien. Quatre portraits de réformateurs lith., in-4.

312. Lot de huit portraits, par N. de Clerck. — Louis XIII, Come de Médicis et autres.

313. Huit pièces diverses. — 1. Portrait de Louis Napoléon. — 2. Vanderdussen. — 3. Crébillon. — 4. Gondrin de Montespan. — 5. Zuithenius. — 6. Hopperus. — 7. L'amiral Tromp. — 8. Petrus Van Ede.

314. Dix portraits, g. in-4. — 1. A Arnauld, gravé par Simonneau. — 2. Ch. Duchemin, gravé par Gautrot. — 3. G. de Chewiet, gravé par Gamot. — 4. Maurice, comte de Saxe, gravé par Petit. — 5. Miller, gravé par Maillet. — 6. Nic. Pollart, gravé par N. Tardieu. — 7. Michel Schuppach. — 8. Sully, gravé par Dupin. — 9. J. Standonck, gravé par Guiard. — 10. Gilbert des Voisins, gravé en manière noire par Dagoty.

315. Huit portraits. Empereurs et archiducs d'Autriche. Portraits anciens en partie remontés.

316. Vingt-six portraits, in-4. Souverains et personnages célèbres de la Savoie.

317. Lot de trente-six portraits de papes, in-f.

318. Soixante et un portraits d'Empereurs de Russie, dessinés par Chevalier, gravés par Auvrai, Chenu, Pauquet et autres, in-4.

319. Effigies des forestiers et comtes de Flandres dessinés par J. Meyssens, et gravés par C. Meyssens, 43 p. Incomplet des Nᵒˢ 14, 23, 26, 36.

320. Les pourtraicts des souverains, princes et ducs de Brabant avec leur chronologie, armes et devises, dessinés par Meyssens et gravés par P. de Jode et autres. 49 p. Manquent les Nᵒˢ 1, 5, 11, 15, 20, 23.

321. Les pourtraicts des souverains, comtes de Hollande, dessinés par J. Meyssens et gravés par C. Meyssens, 40 p.

322. Les comtes de Hollande (38), gravés par Flipart. Dix-sept portraits des personnages célèbres de la Hollande. Ensemble, cinquante-cinq portraits in-4. Il manque deux portraits dans les comtes de Hollande.

323. Suite de douze pièces, g. in-f., frontispice et onze portraits des princes de Nassau, d'après Soutman et Hondhorst, gravés par Suyderhofs et Van Sompel.

324. Vingt-six portraits divers, in-4 et in-8.

325. Trente-quatre portraits de généraux, hommes d'Etat, littérateurs, etc., anglais, gravés par Freeman, Holl, Cockman, Thompson, in-8, tirés en partie de la collection publiée par Fisher.

326. Treize portraits gravés par Ridley, dix-sept portraits extraits de l'European magazine, vingt-trois portraits anciens et modernes. Ensemble 53 p. remontées.

327. Quarante-quatre portraits et sujets de genre, lithographiés, in-4; dans le nombre, Gentil-Muiron, Porret, Mᵉˡˡᵉ Dhennin, etc.

328. Quarante-six portraits anciens, in-f. et in-4.

329. Vingt-sept portraits en manière noire de personnages de la Révolution et vingt-deux autres de différents genres, en partie avant la lettre.

330. Cinquante portraits de maréchaux, guerriers, ministres, hommes d'Etat, etc. (Vingt de Vangelisty, treize de Voyez, quatre de Tardieu, treize par divers graveurs), in-4.

331. Vingt-un portraits de membres de la Convention, révolutionnaires, extraits de divers recueils.

332. Cinquante-quatre portraits, in-8, lithographiés, publiés par Rosselin, Delpech, etc.

333. Lot de cinquante-cinq portraits, in-f., lithographiés. Six généraux d'Afrique, quarante-neuf Polonais célèbres.

334. Lot de soixante-dix portraits modernes, gravés et lithographiés, in-4.

335. Quatre-vingt-dix portraits anciens et modernes. Il y en a de très-rares.

336. Lot de quatre-vingt-dix portraits, in-4 et in-8, anciens et modernes.

337. Quatre-vingt-quinze portraits des collections d'Odieuvre, Desrochers et de P. de Jode.

338. Cent portraits lithographiés par Maurin et autres, in-4, souverains, princes, hommes d'Etat, militaires, marins, hommes de lettres, etc.

339. Deux cents portraits lithographiés, in-4, galerie universelle publiée par Blaisot.

340. Lot de trois fardes, vieux portraits.

341. Lot de deux cent cinquante portraits anciens.

342. Quatre portefeuilles contenant ensemble mille deux cent quatre-vingt-quatorze portraits anciens et modernes, gravés et lithographiés, format in-8 et in-4.

ÉCOLE ALLEMANDE.

ADAM (Jacob), né à Vienne vers 1748.

343. Huit portraits (avec marges), in-8.—1. Pierre Léopold (II.1.) — 2. Ignace Born (H. 4.) — 3. Gédéon Baro a Landon (H. 6.) — 4. Franciscus Regni Nearp (L. 1.) *Taché.* — 5. Maximi Fridericus. — 6. Fridericus Carolus Josephus. —7. Franciscus e Comitibus d'Ursin.—8. Franciscus II.

AMLING (Ch.-G.), né à Nuremberg en 1651.

344. Deux portraits, in-4.— 1. Maximilien-Emmanuel, électeur de Bavière (L. 20.) — 2. Barbier de Ganckhoven.

345. Pelckhofen (Ernest), g. in-4.

BALZER (J.), né à Kukus en 1738.

346. Deux portraits, in-8.— 1. Joseph II.— 2. Marie Antoinette, reine de France.

BARTSCH (Adam), né à Vienne en 1759.

347. Son portrait, gravé par lui même, in-4. (5ᵉ état.)

BAUSE (J.-F.), né à Halle en 1738.

348. Deux portraits, in-4 et in-8. — 1. J.-E. Putler. *Taché.* — 2. Son portrait, gravé par Grégory.

349. Cinq portraits, in-f. — 1. Forster (Fr.), voyageur, d'après Graft (L. 136.) — 2. Gellert (C.-F.), d'après Œser (L. 140.) — 3. Gesner (Salomon), d'après Graft (L. 144.) — 4. Haller (Albrecht), médecin et poète, d'après Freudenger (L. 148.) — 5. Hommel (C.-F.), juriscon- sulte, d'après Graft.

350. Cinq portraits de gens de lettres et autres, in-f. — 1. Kees (Jac.-Fréd.), marchand à Leipsic, d'après C.-F. Reinhold Lisiewski L. 163.) — 2. Kock (Henri-Gott.), comédien (L. 164.) — 3. Koch (Christ.-Henriette), comédienne, d'après Graft (L. 165.) — 4. Küstner (J.-Henri), banquier à Leipsic, d'après le même (L. 166.) — 5. Rabener (C.-W.), d'après Graft (L. 193.)

351. Cinq portraits, in-f. — 1. Frédéric-Auguste, roi de Saxe, d'après Graft (L. 207.) — 2. Sulzer (J.-G.), philosophe, d'après le même (L. 217.) — 3. Uz (Johann-Peter), poète (L. 222.) — 4. Weisse (Christian-Félix), d'après Graft (L. 224.) — 5. Winckelman, antiquaire, d'après Maron (L. 232.)

352. Trois portraits de souverains, in-f.— 1. Pierre Ier, empereur de Russie, d'après S. Le Roy (L. 204.) — 2. Frédéric Auguste, roi de Saxe, d'après Graft (L. 208.)—3. Gustave-Adolphe, roi de Suède, d'après Tittler (L. 216.)

353. Deux pièces, in-f. — 1. Winkler (Gottfried), le père, banquier, d'après Graft et Œser (L. 233.) — 2. Roselta, d'après Gasp. Netscher (L. 250.)

354. Koch (H. G.), comédien.

BERGER (Daniel), né à Berlin en 1744.

355. Dix-sept pièces, in-4 et in-8. — 1. Son portrait gravé par F. Berger. — 2. Edouard-Auguste (L. 38.)— 3. Cervantès, (L. 44.) — 4. Mme. Reineke (L. 84.) — 5. Hertzberg, ministre (L. 63.) — 6. Schmid (J.-M.) — 7. Frédéric II (L. 80.) Plus dix autres portraits.

356. Deux portraits. —1. Pierre Aretin, d'après le Titien, in-4. — 2. Frédéric II, roi de Prusse, à cheval, d'après D. Chodowiecki (L. 80.), in-f.

BERNIGEROTH (M.), né à Ramelsbourg en 1670.

357. Quatre portraits, in-8 et in-4. — 1. Hanssen (P.) (L. 511.) — 2. Skeel (Ch.) (L. 1038.) — 3. Zaluski (L. 1244.) — 4. Gottschedia (L. A. V.)

358. Deux portraits, in-f.— 1. Spacher (D.-Joh.-Christophorus) (H. R. 10.) — Sinner (Joh-Augustus), d'après Floyer.

BINK (J.), né à Nuremberg vers 1504.

359. Gassel (L.) (L. 99), in-4. *Original, rare.*

BOCK (C.-G.), né à Nuremberg en 1755.

360. Neuf pièces, in-8.— 1. Son portrait (2 épreuves différentes). — 2. (Adam) Weispaut (L. 53.) — 3. Bauder (G.-P.) — 4. Forderreuther (S.-C.)—5. Nufsbregel (J.)—6. Schwarz (I.) — 6. Stirner (G.-C.) — Weifenborn (J.-F.)

BÖHME (J.-C.).

361. R. Joh Gottl. Regis, d'après Clauser, in-f.

BOLT (J.-F.), graveur à l'eau forte, travaillait à Berlin de 1794 à 1830.

362. Un petit portrait en médaillon.

BRY (Th. de), né à Luttich en 1528.

363. Boissard (Jean-Jacob).

CHEVILLET (Juste), né à Francfort-sur-Oder en 1729.

364. Deux portraits, in-4. — 1. J.-B. Descamps, peintre (L. 85.) — 2. Buffon.

365. Trois portraits, in-f. — 1. Chardin (J.-B.-Siméon), d'après lui-même. — 2. Hue (Armand-François), marquis de Miromenil, d'après Wille, fils. — 3. Lenoir (J.-C.-P.), lieutenant-général de police, d'après Greuze (L. 56.)

366. Trois portraits de Franklin, in-f. — 1. Franklin (Benjamin), d'après Duplessis. — 2. Le même portrait, tiré du cabinet de M. Le Roy. — 3. Le même personnage, d'après Houdan.

CHODOWIECKI (D.-N.), né à Dantzig en 1726.

367. Frédérique-Sophie Wilhelmine, princesse de Prusse, in-f. (L. 35.) *Rare.*

CLEMENS (J.-F.), né à Copenhague en 1748.

368. Berger (Jo.-Justus de), d'après Juel. *Sale.*

DIETTERLIN (Wendel), né à Strasbourg en 1550.

369. Dietterlin (Wendel), peintre, buste entouré de figures allégoriques (L. 14.) in-f. Belle eau forte, *rare.*

DÜRER (Albert), né à Nuremberg en 1471.

370. Trois portraits, in-f. — 1. Erasme de Rotterdam (L. 84.) *Rare.* — 2. Melanchton (Philippe) (L. 87.) *En mauvais état.* — Pirkheimer (Bilibald) (L. 89.)

DÜRMER (F.-V.), né à Vienne en 1766.

371. François II, in-8.

EICHLER (M.-G.), né à Erlangen en 1748.

372. Gessner (Salomon), d'après Graft (L. 22.) in-f.

EIMART (G.-C.), né en 1638.

373. Schuster (Joh.-Georgius), in-4.

ERTINGER (François), né à Colmar ou à Wyl, en 1640.

374. Deux pièces, in-f. — 1. Louis XIV, médaillon entouré de
quatre autres médaillons représentant des vues de Paris,
etc., d'après S. Le Clerc. — 2. La même estampe, en
haut de laquelle on a ajouté une Renommée, le nom de
S. Le Clerc et du graveur ne s'y trouvent plus.
Elles proviennent du cabinet de Louis-Philippe.

375. Deux pièces, in-4. — 1. Pineau (Gabriel du) (L. 141.) —
2. Sevin (Paulus-Petrus), d'après Cheron, médaille,
(L. 143.) le revers ne s'y trouve pas.

FRITZSCH (C.), russe.

376. Sept jolis portraits. — 1. Benoît XIV, in-4. — 2. Winckler
(J.-A.) in-4. — 3. Hennebo (R.) in-8. — 4. De Haen
(Abraham) in-4. — 5. 6. 7. Trois portraits divers.

FURCK (S.), né à Goslar en 1589.

377. Jacobus Arminius, in-4.

GREUTER (Mathias), né à Strasbourg en 1564.

378. Marino (J.-B.), poète napolitain, d'après Vouet (H. R. 1.)
in-4.

GUTTENBERG (Charles), né à Nuremberg en 1744.

379. John Paul-Jones, combattant le Sérapis, d'après Notté
(H. R. 8.) in-4.

GUTTENBERG (Henri), né à Nuremberg.

380. Enfant avec une houlette, d'après Finck. (Epreuve avant
la lettre), in-4.

HAID (Jean-Gott.), né à Augsbourg en 1748.

381. Piazetta (Joh. Baptiste), peintre (L. 33.), en manière
noire, in-f.

HAID (J.-E.), né à Augsbourg en 1740.

382. Trois portraits, gravés en manière noire, in-f. — 1. Egell (Paulus), statuaire, d'après Dathan. — 2. Maria-Elisabetha Liebert, d'après S. de Derichs Habma. — 3. Meister (Christ.-Fréd.-Georg.), d'après Speck.

HAINZELMAN (E.), né à Augsbourg en 1640.

383. Pruschius (J.-L.) d'après Bloch, in-f.

HAINZELMANN (J.), né à Augsbourg en 1641.

384. Le Pelletier (Claude), ministre d'Etat (L. 15.) in-4. Belle épreuve.

HESS (Ch.), né à Darmstadt en 1760.

385. Un homme avec un bonnet pointu examinant une pièce de monnaie, d'après Van Ostade. Eau forte, in-4.

HOLLAR (Wenceslas), graveur à l'eau forte, né à Prague en 1607.

386. Huit portraits. — 1. Son portrait, gravé par Scipsum, in-8. — 2. Philippus IV, in-4. (H. 192.) — 3 Anna Maria Austriaca, in-4. (H. 193.) — 4. Henriette-Marie de France, in-8. (H. 195.) (portrait non terminé). — 5. 6. Pierre l'Aretin, 1647, in-4. (L. 209.) Deux épreuves dont une moderne. — 7. Un autre portrait de l'Aretin, daté de 1649, g. in-4. — 8. Bindo Altovitii, g. in-4.

387. Neuf portraits d'artistes, petit in-4. — 1. Balen (J. Van) (L. 248.) — 2. Belle (Steffano de la) (L. 253.) — 3. Borcht (H. Van der) (L. 254.) — 4. Borcht (H. Van der) (L. 255.) — 5. Elsheimer (Adam) (L. 272.) — 6. Es (J. Van) (L. 274.) — 7. Merian (Mathieu) (L. 290.) — 8. Peeters (Bonaventure) (L. 300.) — 9. Venne (A. Van) (L. 315.) Ces portraits sont remontés.

388. Sept pièces, in-8. — 1. 2. Holbein, deux épreuves. — 3. Jeune femme couronnée de feuilles de chêne (L. 325.) 4. Jeune femme coiffée d'un chapeau avec une plume (L. 326.) — 5. Jeune homme vêtu d'un manteau fourré (L. 327.) — 6. Buste d'homme avec chaîne et bonnet (L. 328.) — 7. Buste d'homme barbu (L. 329.)

389. Neuf pièces, in-8. — 1. Luther. — 2. Roelans (J.) — 3. Roelans (G.) — 4. Reede (J. de). — 5. Fairfax (Thomas). — 6. Buste d'un homme coiffé d'un turban. — 7. 8. 9. Trois pièces, d'après Holbein.

390. Arundel (Thomas Howard, comte d'), d'après A. Van Dyck (L. 247.) in-f. 1er état avant que l'adresse de Meyssens n'ait été effacée. *Une piqûre de vers.*

391. Barbaro (Daniele), d'après le Titien (L. 250.) in-f.

392. Malder (Jean), évêque d'Anvers, d'après A. Van Dyck (L. 289.) in-f. Epreuve avec le nom de Meyssens.

393. Rubens (P.-P.), dans une bordure ovale, d'après lui-même (L. 300.) in-f.

394. Deux portraits, in-f. — 1. Vecellia (Johannina), d'après Tiz. Vecelli (L. 314.) — 2. Wael (Lucas et Cornélis de), peintres, d'après Van Dyck.

395. Deux portraits, in-f. — 1. Wyngarde (Frans Van), d'après Castellani (L. 318.) — 2. Arcolano Armufodrito fatto da Corregio la Istessa divinata.

HOPFER (Jérôme), trav. à Augsbourg de 1520 à 1530.

396. Erasme de Rotterdam, in-4.

HOUMAN (G.-D.).

397. Christianus Mundenius, théol., in-fol.

HUDNER (Barth.), né à Augsbourg en 1737.

398. Six portraits d'après Holbein, in-4. — 1. Johannes Frobenius, typographurum. — 2. Johannes Holbeini, pictor. — 3. Uxor et Liberi Johannis Holbenri. — 4. Jacobus Meierus. — 5. Anna Scheckenpurlin uxor Jacobi Meieri. 6. Lais Corinthiaca.

KILIAN (Barth.), né à Augsbourg en 1630.

399. Six portraits. — 1. Johannes Michael Ditherus, in-4. — 2. Le même, d'après Eckard, in-4. — 3. Ludovi Jungerman, in-8. — 4. Ludovicus de Ponte, in-8. — 5. Georgius Reichardus Hammerus, in-4. — 6. Un portrait avant la lettre.

400. Trois portraits in-fol. — 1. Leonhard Colling, d'après Hopp. — 2. Paulus Honn. Norib. — 3. Thomas Hopfer; d'après B. Hopfer.

401. Quatre portraits in-fol. — 1. Christophus à Stettin, d'après Beyschlag (H. R. 17). — 2. Jacobina Thurmin, d'après Mayr. — 3. Philipp-Henrich Weber, d'après B. Hopfer. 4. Un portrait anonyme d'après Franck.

KILIAN (Lucas), né à Augsbourg en 1579.

402. Dix portraits, in-4. — 1. Adolphe, comte de Schwarzenberg. — 2. Edouard Fugger. — 3. Jean-Christophe Olhafen. — 4. P. Meiderlinus (L. 126.) — 5. Imhof (J'rome) (L. 117.) — 6. Jean-Jacob Reinbold. — 7. Jean Roland. — 8. Schœrer (Jérome) (L. 138.) — 9. Schwaiger (Christ.) (L. 139.) — 10. Portrait anonyme avec H. K.

403. Onze portraits, in-4. — 1. Auguste, duc de Bavière. — 2. Charles-Adolphe, roi de Suède. — 3. Chrétien II, prince d'Anhalt, belle épreuve. — 4. Ernest, prince de Holstein. — 5. Hoeschel (Daniel) (L. 112.) Très-belle épreuve. — 6. Léonard Lutzen. — 7. Conrad Maiclerc (L. 114.) Très-belle épreuve. — 8. George Nymmans. — 9. Philippe III, roi d'Espagne. — 10. Christ Schwaiger (L. 139.) Belle épreuve. — 11. Anonyme.

404. Dix portraits, in-4. — 1. Charles-Alexandre, duc de Croy. Très-belle épreuve. *Tachée.* — 2. Godefroid, comte d'Œtingen. — 3. Jean-Frédéric, duc de Wurtemberg. 4. Jean Niebert, ecclésiastique. — 5. Balthasar Pettenbeck jurisconsulte. — 6. Philippe II, duc de Stetin. — 7. Philippe III, roi d'Espagne. — 8. Philippe, comte d'Œtingen. — 9. Jacob Reching, théologien. — 10. J. Tserclaes, baron de Tilly. — 11. Sultan, empereur des Turcs.

405. Trois portraits, in-f. — 1. Balthasar, abbé de Sainte-Croix (L. 92.) — 2. Fuggerus (Otho-Henri). — 3. Servi (Constantin (L. 142.)

406. Deux portraits, in-f. — 1. Traytorrens (F.) Très-belle épreuve. — 2. Durer (Albert), vu à mi-corps, les cheveux longs, d'après lui-même (L. 105.) 1er état.

KILIAN (Philippe), né en 1628.

407. Six portraits, la plupart avec marges. — 1. Johannes Fabricius, in-4. (L. 31.) — 2. Cornelius Morci, in-4. — 3. Johannes Christ. Arnschwange, in-4. — 4. Marquadus Sébustianus, in-4. — 5. Henricus Linckius, in-8. — 6. Un portrait, in-4.

408. Un portrait, d'après Depey, (65), g. in-4.

Kilian (Ph.-A.), né à Augsbourg en 1744.

409. Deux pièces.—1. Frédéric, margrave de Brandebourg (L. 37) in-4. — 2. Saint Mathieu lisant, d'après Piazetta.

Kilian (Wolfgang), né à Augsbourg en 1584.

410. Huit portraits, in-4. — 1. Albert IV, duc de Bavière. — 2. Bernard, de Saxe. — 3. Urbain-Gaspard de Feilitz. — 4. Ferdinand, arch. de Cologne. — Ferdinand II, empereur. — 6. Ferdinand III, roi de Hongrie. — 7. Frédéric de Saxe. — 8. Frédéric, comte palatin du Rhin.

411. Sept portraits, in-4. — 1. Albert, duc de Friedland. — 2. Georges Frédéric, comte de Hohenlohe. — 3. Jean Casimir, duc de Saxe. — 4. Jean-Georges, maréchal. — 5. Le même personnage, autre gravure. — 6. Louis XIII, roi de France. — 7. Ernest, comte de Mansfeld.

412. Caluisius, astronome (L. 129.) in-f. *Raccommodé.*

Klauber (Catharina), né à Augsbourg.

413. Beaumont (Christ. de), archevêque de Paris, d'après Rimsber. in-f.

Klauber (J.-S.).

414. Deux pièces, petit in-f. — 1. Netscher (Gaspard), peintre, d'après lui-même (L. 43.) — 2. Le Sauveur du monde, d'après Stella.

Klauber (Ignace-Sébastien), né à Augsbourg en 1754.

415. Deux portraits, in-f. — 1. Allegrain (Chistophe-Gabriel), sculpteur, d'après Duplessis (L. 29.) 2e état avec une ligne d'écriture. — 2. Le même portrait, épreuve du 3e état.

416. Deux portraits, in-f. — 1. Bause (L.-F.), graveur, d'après Graft (L. 36.) — 2. Hertzberg, ministre d'état prussien, d'après Von Schreder (L. 40.)

417. Loo (Carle Van), peintre, d'après P. Lesueur (L. 41.) Epreuve du 2e état avec une ligne d'écriture. — Le même portrait, épreuve du 3e état.

Kenkel (J.), né à Augsbourg en 1688.

418. Georgius Pritius, Théol., portrait en manière noire, in-f.

Kussel (M.), né à Augsbourg en 1621.

419. Deux portraits, in-f.— 1. Dilherr (Joh.-Mich.), théologien
(L. 91.) *Rare.* — 2. Un portrait anonyme.

Lips (J.-H.), né à Kloten en 1758.

420. Six beaux portraits, in-4 et in-8. — 1. Bach (Emmanuel),
in-4 (L. 24.) — 2. Bartels (A.-C.), in-8.— 3. Dinglinger,
in-4. — 4. Jorry, officier général français, in-8. —
5. Bürkli (J.-H.), in-4. — 6. Wilh (A.-F.-W.), in-8.

Mansfeld (J.-E.), né à Prague en 1738.

421. Neuf portraits.—1. Dagobertus, in-8.—2. Général Elliot,
in-8. — 3. J. Haydn, in-8 (L. 17.) — 4. Frédéricus,
in-8. — 5. Lascy, in-8 (L. 21.) — 6. Leber (Ferdinand).
— 7. François-Joseph, prince de Toscane, in-8. —
8. Paul Petrovitch, in-8. — 9. Grande duchesse de
Russie.

422. Deux portraits, in-f.— 1. Maximilien, archiduc d'Autriche.
— 2. Trattnern (Jean-Thomas), imprimeur libraire,
d'après Hickel (28). Très-belle épreuve.

Marck, né à Litteau en 1753.

423. Pellegrini (Carolus Comes de), in-8 (L. 19.)

Mechel (Chrétien de), né à Bâle en 1757.

424. Quatre portraits.— 1. Son portrait, gravé par J.-J. Mechel,
in-4. *Taché.* — 2. Christianus a Mechel, in-4. (H. 204.)
— 3. Elisabeth von Mechel, in-8. — 4. Louis Pfyffer,
in-8. Epreuve coloriée.

425. Quatre pièces, d'après Holbein.—1. Erasme.—2. Amerbach
(Bonif.) — 3. Thomas Morus. — 4. Vénus et l'Amour
(L. 5.)

426. Deux portraits, in-f. — 1. Nostradamus (Michel) assis près
d'une fenêtre et occupé à tailler une plume, d'après
Metzu (L. 168.) — 2. Michel Wutky, d'après lui-même
(L. 176.)

Moeglich (And.-L.), né à Nuremberg en 1742.

427. Un homme en costume oriental, à longue barbe, coiffé
d'un turban, d'après Beschey. Belle eau forte, in-f.

8

MORACE (Ernest), né à Stuttgard en 1736.

428. Muller (J.-Gott.), graveur, d'après Tischbein (L. 18.), in-f.

MULLER (G.-A.), né à Vienne vers 1700.

429. Johannes Georgius, episcopus Bambergensis, in-4. Belle épreuve. *Endommagée.*

MULLER (J.-G.), né à Bernhausen en 1747.

430. Galloche (Louis), peintre, d'après L. Tocqué (L. 16.) in-f. Très-belle épreuve de ce portrait gravé par Muller pour sa réception à l'Académie.

431. Lebrun (Madame Louise-Elisabeth Vigée-), d'après elle-même (L. 18.) in-f.

432. Mendelsohn (Moses), en buste, d'après Frisch (L. 21.) in-f.

432.b. Deux pièces. — 1. Wille (J.-G.), d'après Greuze (L. 28.) in-f. — 2. La mère Brigide, d'après Wille (L. 30.) in-4.

NICOLET (B.-C.), né à St-Imer (Bâle) en 1740.

433. Treize pièces, in-4. — 1. Halle (Noël) (L. 8.) — 2. Jacques (François de Paul) (L. 9.) — 3. Leseur (L. 10.) — 4. Montholon (Nicolas de) (L. 11.) — 5. Parcieux (Ant. de) (L. 12.) — 6. Peronneau (J.-B.) (L. 13.) — 7. Roslin (L. 14.) — 8. Suyffert (D.) (L. 15.) — 9. Vennet (J.) (L. 16.) — 10. Lemesle. — 11. Withfeld. — 12. L'abbé Desmonceaux. — 13. Anonyme.

PFENNINGER (H.), né à Zurich en 1749.

434. Vingt portraits, in-8. Hommes illustres de la Suisse et poètes allemands.

435. Vingt portraits, idem.

436. Dix-sept portraits, idem.

437. Vingt-neuf portraits, idem.

PREISLER (G.-M.), né à Nuremberg en 1700.

438. Quatre portraits d'artistes et autres, in-f. — 1. Albert Durer, d'après Ferreti. — 2. Raphaël Sanzio, d'après Campiglia. — 3. Gustave-Philippe Moerl, d'après J.-F. Preisler. — 4. Jean-Sigismond Halzschuher, d'après Kuperzy. *Taché.*

RIEDEL (J.-A.), né à Prague en 1732.

439. Buste d'un homme à barbe, avec un bonnet, d'après Rembrandt, 1751. Eau forte, in-4.

RIETER (H.), né à Winterthour en 1751.

440. Ximenès, in-4.

RODE (Ch.-B.), né à Berlin en 1725.

441. Portrait en médaillon de Henri Rode. Eau forte (H. R. 1.) in-4.

SANDRART (Jacob), né à Francfort-sur-Mein en 1630.

442. Treize beaux portraits, in-4. — 1. Ulrich Ball. — 2. Léonard Botting. — 3. François Conrad de Stadion. — 4. Ernest Cregel. — 5. Jean-Georges Fabricius. — 6. Georges de Nuremberg. — 7. Jean-Georges Harsdorffer. — 8. Isaie Gumpelzhaimer. — 9. Jean Held. — 10. Guillaume Imhof. — 11. Jean Jorger. — 12. Mathieu Keller. — 13. Frédéric Kuhne.

443. Treize beaux portraits, in-4. — 1. Jean-Valentin Muier. — 2. Jean Maius. *Taché.* — 3. Jean-Bernard Mayr. — 4. Jean-Christ. Muffel. — 5. Henri Muller. — 6. Christ. Pierer. — 7. Christ. Peller. — 8. Jean Jacob Pomer. — 9. Jean-Jacob Starck. — 10. Guillaume Stern. — 11. Philippe Valentin. — 12. Jean Weinmann. — 13. Thomas Vyerman.

444. Trois portraits, in-f. — 1. Volkarte (A.), d'après D. Preisler. — 2. Jacob Braklward, d'après Gedelér. — Collings (J.), d'après Amigo.

SCHMIDT (Georges-Frédéric), né à Berlin en 1712.

445. Quatre pièces. — 1. Desfontaines (P.-F.-G.), in-8. (J.-53.) — 2. Frédéric III, in-4. (J. 55.) — 3. Vignettes pour les mémoires de Brandebourg (F. 109.) — 4. P. Villaume, in-16.

446. Seize portraits de la collection d'Odieuvre. Bonnes épreuves.

447. Constantinus Scarlati (J. 39.) Belle pièce, *extrêmement rare.*

448. Charles-Gabriel de Tubières de Caylus, évêque d'Auxerre, d'après Fontaine (J. 40.) *Rare.*

449. Louis de La Tour-d'Auvergne, comte d'Evreux, d'après H. Rigaud (J. 42.) Belle épreuve, elle a de grandes marges.

450. Jean-Baptiste Rousseau, assis, une plume à la main, d'après Aved (J. 44.) Belle épreuve. *Rare*.

451. Magdalena Sophia Wiegerin, d'après Fiedler (J. 45.) *Tachée*.

452. Charles de Saint-Albin, archevêque de Cambrai, d'après H. Rigaud (J. 47.) Un des plus beaux portraits de ce maître.

453. Le même portrait, rogné au cadre. *L'état laisse à désirer*.

454. François le Chambrier, Conseiller d'Etat et maire de Neufchâtel, d'après H. Rigaud (J. 49.) Belle épreuve, grandes marges.

455. Jean-Baptiste Silva, docteur et régent de la Faculté de médecine de Paris, d'après H. Rigaud (J. 52.) Belle épreuve.

456. Un second exemplaire du même portrait, grandes marges.

457. Jean Bernoulli, professeur de mathématiques, d'après J. Huber (J. 54.)

458. Frédéric III, roi de Prusse (J. 55.).

459. Pierre Mignard, peintre, d'après H. Rigaud (J. 59.) Belle épreuve, elle a de la marge. Chef-d'œuvre du maître.

460. Antoine-François Prévost, aumônier du prince de Conti (J. 61.)

461. Christianus Augustus (prince d'Anhalt-Bernbourg), d'après A. Pesne (J. 66).

462. Samuel, baron de Cocceji, d'après A. Pesne (J. 67). Très-belle épreuve.

463. Antoine Pesne, peintre du roi de Prusse, d'après lui-même (J. 69). Belle épreuve avec de grandes marges.

464. Frédéric de Guerne, ministre d'état, d'après A. Pesne (J. 70). Très-belle épreuve; elle a de la marge. Provient de la vente Camberlyn, N° 3269.

465. Un second exemplaire du même portrait.

466. Joh.-Théodor. Eller, d'après A. Pesne (J. 73), 2e état.

467. Nicolas Esterhasi, d'après L. Tocqué (J. 78). Très-belle épreuve tirée avant le burin gravé à droite sur l'épaisseur de la console. Très-rare; provient de la vente Camberlyn, N° 3270.

468. Kalt, général feld-maréchal du roi de Prusse (J. 91); la tête, les mains seulement, gravées par Schmidt.

Eaux-fortes de Schmidt :

469. Le buste d'un oriental, vu de face et un peu penché vers la poitrine, d'après Rembrandt (J. 114).

470. Tête d'un vieillard, couverte d'une calotte (J. 115). *Copie.*

471. Portrait d'une jeune femme, vue à mi-corps et tournée vers la gauche, d'après Rembrandt (J. 123).

472. Son portrait vu de face, assis devant une table et dessinant (J. 134).

473. Portrait de Mme. Schmidt en couseuse (J. 135); belle épreuve avec grandes marges.

474. Le buste de Mme. Schmidt, vu de profil (J. 136). Belle épreuve avec de grandes marges.

475. Le prince de Gueldre, menaçant son père emprisonné (J. 137). Belle épreuve.

476. Son portrait, dit à l'araignée (J. 141). Belle épreuve; elle a de la marge.

477. Buste de J.-J. de Schouwalof (J. 143). Superbe épreuve très-rare ; provient de la vente Camberlyn.

478. La princesse d'Orange, d'après Rembrandt (J. 147). *Ce portrait est un des plus beaux du maître.* — La photographie de ce portrait, par M. Blanquart.

479. Le joaillier Dinglinger, de Dresde (J. 148). Belle épreuve.

480. Rembrandt dans son moyen âge (J. 151). — La photographie de ce portrait, par M. Blanquart.

SCHMITNER (F.-L.), graveur établi à Vienne vers le milieu du xviiie siècle,

481. Portrait de Marie-Thérèse, d'après Maytens.

SCHMUZER.

482. Joseph Von Sonnenfels, in-8 (H. 2).

SCHMUTZER (J.), né en 1733.

483. Deux portraits in-fol. — 1. François 1er, empereur d'Autriche, d'après Liotard (H.-R. 7). — 2. Dietricy (Ch.-Guil.-Ernest), peintre, d'après lui-même (H. R. 5).

SCHUTZ (C.-G.), né à Floersheim en 1718.

484. Quatre pièces in-4. — D.-L.-N. Lieberkuhn, eau-forte. — Trois têtes d'hommes d'après Rembrandt ; eaux-fortes.

SCHWEICKART (J.-A.), né à Nuremberg en 1722.

485. Johann-Conrad Wittwer, in-4.

SEUPEL (J.-A.).

486. Trois pièces in-fol. — 1. Holtzhausen (J.-Hector Von). — 2. Chamilly (Noel-Bouton, marquis de), gouverneur de Strasbourg. — 3. Schmidt (Seb.), théologien.

SPIZEL, graveur de Nuremberg du xviii° siècle.

487. Frédéric-Guillaume-Auguste, prince de Wolffstein. Gravé en manière noire.

STOETZEL (Ch.-F.), né à Dresde en 1754.

488. Der Weise (le Sage). Allégorie sur la bienfaisance de la loge des francs-maçons de Dresde, d'après Schenau (H. Q. 10). Très-belle pièce, grandes marges.

THOENERT (M.), vivait en 1789 à Leipsick.

489. A. Zingg, médaillon in-4.

VERHELST, de Manheim.

490. Antonius Jeanjean, théol., d'après Janisch.

VOGEL (B.), né à Nuremberg en 1737.

491. Guillaume-Frédéric de Brandebourg, d'après Kupezky. Gravé en manière noire, belle épreuve, marge.

WOLFFGANG (Georges-André), né à Chemnitz en 1631.

492. Fredericus Geislerus Reussend.

WOLFFGANG (Gust.-André), né à Augsbourg en 1692.

493. Deux portraits. — 1. Wolffgang-Jacob Sulzer, d'après Eichler (H. R. 5), in-4. — 2. Fabricius (Jean-Albert), théologien, in-fol.

WOLFFGANG (Jean-Georges), né à Augsbourg en 1664.

494. Deux portraits. — 1. Samuel Urtsperger, in-4. — 2-3. J.-J. Rambach, in-4. Deux exemplaires.

495. Deux pièces in-fol. — 1. Daniel Buirette, d'après Savoye. Déchirure. — 2. Un portrait anonyme.

WOLFFGANG (A.-M.), né à Augsbourg.

496. Joh.-Fréd. Löffelhotz, d'après Preisler, in-fol.

ÉCOLE ANGLAISE.

ARDELL (James Mac), né en Irlande vers 1710.

Portraits en manière noire :

497. La mère de Rembrandt lisant dans un grand livre, d'après Rembrandt (H. R. 36), in-fol.

498. Lady Fortescue dans une campagne, d'après Reynolds (H. R. 55), in-fol.

499. Robert, lord Henley, baron de Crainge, d'après Hudson (H. R. 90), in-fol.

500. Mistress Hornick (sans nom), d'après Reynolds (H. R. 93), in-fol.

501. Caroline, duchesse de Marlborough, avec son petit chien, d'après Reynolds (H. R. 125), in-fol.

502. M. Pine, peintre, d'après Hogarth (H. R. 132). Belle épreuve sans les mains, in-fol.

503. J. Punt, peintre et graveur, d'après G.-V. de Myn. (H. R. 136), in-fol.

BAILLIE (William), amateur et graveur, né en Irlande vers 1736.

504. La mère de G. Douw, âgée et assise, les mains sur les genoux, gravé en manière de dessin et en couleur (H. R. 11), in-fol.

505. Deux portraits. — 1. Georges Villiers, duc de Buckingham, d'après Van Dyck (H. R. 16); in-fol. — 2. François Hals, peintre, d'après lui-même (H. R. 28), in-fol. ; très-belle épreuve ; elle a de la marge.

506. James, duc de Monmouth, à cheval ; au fond une bataille, d'après Netscher et Wyk ; belle pièce gravée en manière noire (H. R. 43), 2° état.

507. Corneille de Witt, grand pensionnaire de Hollande, gravé en manière noire (H. R. 44), belle épreuve.

508. Vieillard à mi-corps, vu de face et coiffé d'un bonnet, d'après Rembrandt (H. R. 62).

509. J. Turner, sujet ovale (L. 52), in-8.

BECKETT (Isaac), né dans le pays de Kent en 1653.

510. Deux portraits en manière noire.—1. Henry Bishop, d'après Riley (L. 72). — 2. Killigrew (Mrs. Anne), d'après elle-même (L. 74).

511. Trois portraits en manière noire. — 1. Kneller (Godfrid), d'après lui-même. — 2. Turnor (Mrs.), d'après Kneller (L. 108). — 3. Portrait d'un jeune homme jouant de la flûte, d'après Hals.

BROOKSHAW (R.), né en Angleterre vers 1736.

512. Deux portraits en manière noire, in-fol.—1. Louis-Stanislas-Xavier de France. — Marie-Joséphine-Louise de Savoye.

BUMPHRY (J.).

513. Portrait d'Alexis Piron, in-8.

CORBUTT (Charles), travailla à Londres vers 1766.

514. Trois portraits en manière noire. — 1. Chambers (Mrs), d'après Reynolds (L. 3), très-beau portrait, in-fol. — 2. Portrait de jeune femme, d'après le Titien, in-fol. — 3. Lady Stanhope, in-4.

COCKSON (Thomas), travailla en Angleterre vers 1620 à 1630.

515. White (François), doyen de Carlisle (L. 15).

DUNKARTON (Robert), né à Londres vers 1744.

516. Pœtus et Aria, d'après Benj. West (L. 8), gravure en manière noire, in-fol.

FABER (John) le Jeune, né en Hollande vers 1684.

Gravures en manière noire, in-fol. :

517. St. Pierre, la main sur un livre, d'après A. Van Dyck (L. 3).

518. Carreras (José), assis et écrivant, d'après Kneller (L. 23).

519. William Cavendish, duc de Devonshire, d'après le même.

520. Deux portraits. — 1. Graham (Georges), horloger, d'après Hudson (L. 45). — 2. Milton (Jean).

521. Tornhills (James), peintre, d'après Higmore (L. 92).

522. Un portrait anonyme, sans marque.

Fox (Charles), graveur contemporain, travaille à Londres.

523. Burnet (John), d'après Denning, in-fol.

GREEN (Valentin), né à Londres en 1737.

524. Trois portraits en manière noire.—1. Carreras (J.) (L. 74), in-4.— 2. Innocent X (L. 100), in-4, belle épreuve. — Jones (Inigo) (L. 101), in-4.

525. Green (Mistress) jouant avec son enfant, d'après Falconnet (L. 93), gravé en manière noire.

GREENWOOD (John), né à Boston en 1729.

526. Fokke (Simon), graveur hollandais, d'après J. Buys (L. 6), gravé en manière noire.

HALL (John), né vers 1735.

527. Deux portraits.—1. Boyd (Robert), gouverneur de Gibraltar, d'après A. Pozzi (L. 14), in-fol. — 2. Portrait marqué H N N, in-4.

HODGES (Charles-Howard), trav. à Amsterdam vers la fin du xviii° siècle.

528. Dermont (Jacob), in-fol. en manière noire.

HOUSTON (Richard), né vers 1725.

529. Deux pièces. — 1. Granby (John-Manners, marquis de), d'après Reynolds (L. 61.) in-fol. en manière noire. — 2. Portrait d'après Rembrandt, in-4, eau-forte.

MARTIN (D.).

530. Pulteney (William), d'après Ramsay, eau-forte.

MEYER (Henri), né vers 1780.

531. Lord Grenville, d'après Owen.

PAYNE (J.), né à Londres en 1606.

532. Deux portraits. — 1. Pyrnesi (R.-Melch.), cardinal, in-4. — 2. Paracelse, in-4.

PELHAM (Peter), né à Londres en 1684.

533. Desaguliers (J.-T.), legum doctor, d'après Hysing (L. 4), R. en manière noire.

PURCELL (Robert), graveur en manière noire de la fin du XVIII° siècle.

534. Miss Lewys, lisant, d'après Liotard.					B

RANSON (Th.), graveur moderne.

535. Thomas Bervic, graveur, d'après Nicholson, in-fol.		B.

READ (Richard), né en Angleterre vers 1750.

536. John Herries, d'après Martin, en manière noire, très-belle épreuve.					B

(**SEIPSUM**), graveur moderne.

537. Valentin Green, graveur, d'après Abbott; très-beau portrait en manière noire, in-fol.

SHERWIN (J.-K.), né en Angleterre vers 1746.

538. Deux portraits.—1. Thomas Pennaut, d'après Gainsborough (H. R. 12), in-fol. — 2. Mistress Hartley, in-4.

SIMON (J.), graveur en manière noire du XVIII° siècle.

539. Anne, reine d'Angleterre, d'après Kneller, in-fol.		B.

SMITH (Benjamin).

540. Charles, marquis de Cornuaille, d'après Copley, in-fol.	B.

SMITH (Jean), graveur en manière noire, né à Londres vers 1654.

Portraits en manière noire, in-fol.

541. Anne, reine d'Angleterre, d'après Kneller.			B
542. La princesse Anne de Danemarck, d'après Kneller.		B
543. Bannister (John), d'après Murray.				B
544. Archangelus Cirelli, fameux musicien, d'après Howard. B. (H. R. 20).

545. Fréderic-Guillaume, d'après Weideman.

546. Caroline, reine de la Grande-Bretagne; d'après Kneller.

547. Catherine-Mary et Thomas-John Clavering, d'après Romney, *taché*.

548. Cooper (Guillaume), chirurgien, d'après Closterman.

549. François Cornaro, d'après Ch. Agar.

550. Guillaume, duc de Glocester, d'après Kneller.

551. Thomas Herbert, comte de Pembroke et de Montgomery, d'après Wissing (H. R. 23); belle épreuve.

552. Godefridus Kneller, peintre, d'après lui-même (H. R. 2), très-belle épreuve.

553. Jean Locke, d'après Kneller (H. R. 16), très-belle épreuve.

554. Georges Rooke, vice-amiral d'Angleterre, d'après Dahll.

555. La comtesse de Salisbury (connue sous le nom de la veuve), d'après Kneller (H. R. 18).

556. Jean Smith tenant le portrait de Kneller (H. R. 1).

557. Fréderic, duc de Schomberg, à cheval, d'après Kneller (H. R. 4).

558. Lord Villiers et lady Marie Villiers, d'après Kneller

SMITH (Jean-Raphael), graveur en manière noire, né à Londres vers 1740.

559. Le lieutenant colonel Tarleton, en pied, son cheval derrière lui (H. R. 17), in-fol. (taché).

560. Deux portraits petit in-fol. — 1. Sophie Western, d'après Hoppner. — 2. Jeune femme, d'après Opie.

SPOONER (Ch.), né vers 1720.

561. Deux portraits en manière noire.— 1. A Jew Rabbi, in-4. — 2. Prince héréditaire de Brunswick, in-4.

VERTUE (G.), né à Londres en 1684.

562. Deux portraits.—1. Baldassar Castiglione, in-4.— 2. John Dryden.

D'après WALKER.

563. Deux portraits d'Olivier Cromwell, en manière noire, dont un avant l'adresse.

WATSON (James), graveur en manière noire, né à
Londres vers 1750.

564. Amhers (sir Jeffery), d'après Reynolds (H. R. 4), in-fol.
taché d'eau.

565. Miss Beatson, d'après Read, in-fol.

566. Harry Woodward, comédien anglais, d'après Reynolds
(H. R. 21), in-fol.

567. Deux pièces.— 1. Dame à mi-corps, la gorge nue, un fichu
sur les épaules (H. R. 18), avant toutes lettres. —
2. Une femme et un jeune garçon, d'après Moreelse.
Condition médiocre.

WHITE (George), graveur en manière noire, né à
Londres en 1670.

568. Pope, d'après Kneller. (H. R. 6), in-fol.

WILLIAMS (Robert), graveur en manière noire, né dans
le pays de Galles vers 1700.

569. Guillaume, duc de Bedfort, in-fol.

WILSON (Benj.), né vers 1730.

570. Buste d'un homme portant un chapeau à larges bords,
d'après Rembrandt, eau-forte.

YOUNG.

571. Portrait de Nathaniel Kent, d'après Rising. Très-beau
portrait en manière noire, taché d'eau.

572. Un lot de huit portraits en petit format.

ÉCOLE ITALIENNE.

AQUILA (F.-F.), né à Palerme vers 1676.

573. Quatre portraits in-4. — 1. Thomasis (L. 181). — 2. Somer, eau-forte. — 3. De Dekker, id. — 4. Un deuxième exemplaire du portrait de Somer.

BARTOLOZZI (Francesco), né à Florence en 1730.

574. Trois portraits in-fol. et in-4. — 1. Miss Boyle, d'après Daumon. — 2. Carrache (A.); peintre, d'après lui (L. 490). — 3. Van der Noot (Henri-Charles), d'après P. de Glim (H. R. 589).

BILLY (Nicolas), trav. à Rome au milieu du xviiie siècle.

575. Deux portraits in-fol. — 1. Holpein (J.), peintre, d'après Menabuoni (L. 32). — 2. Zuccheri (F.), peintre, d'après Campiglia (L. 47).

BENEDETTI (M.), né à Rome vers 1745.

576. Le chevalier Ant. Canova, sculpteur, d'après Lampi (L. 7). Très-grande pièce.

BONACINA (G.-B.), né à Milan vers 1620.

577. Médaillon avec le portrait du pape Alexandre VII, et une explication, d'après le Bernin (H. R. 8).

BOSSI (G.), né à Porto en 1727.

578. Deux petites têtes à l'eau-forte (H. R. 3).

BUONO (F.).

579. Guido (Reni), peintre, in-fol.

CAMPANA (Pietro), né à Soria en 1727.

580. Barbatelli, peintre, d'après Feretti (L. 3), in-fol.

580 CAMPIGLIA (G.-D.), né à Lucques en 1692.

581. Quatre portraits pour le Museum Fiorentinum. — 1. Guillo Pippi, peintre. — 2. Giovannantonio Razzi, peintre. — 3. Leonardo de Vinci, peintre. — 4. Domenico Beccafumi, peintre.

CARMONA (Manuel-Salvador), né à Madrid en 1730.

582. Deux très-beaux portraits. — 1. Boucher (François), peintre, d'après Roslin (L. 14). — 2. Collin de Vermont, peintre, d'après le même (L. 17).

Ces deux portraits ont été gravés par l'artiste pour sa réception à l'académie; ils ont de la marge. — On a ajouté le portrait d'Odieuvre, gravé par le même.

CASA (Nicolo della), travailla à Rome au milieu du xvie siècle.

583. Bandinello (Baccio), sculpteur, d'après Lafrery, in-fol.

CATTINI (G.), né à Venise en 1725.

584. Paolo Sarpi, théologien, d'après Tinelli (L. 22), in-fol. *Sale*.

CONTARDI (Alex.), graveur moderne.

585. Pie VII, d'après J.-B. Wicar.

CIPRIANI (Grég.), né à Sienne au commencement du xixe siècle.

586. Guido Reni, d'après lui-même, in-4.

CORSI.

587. Trois portraits pour le Museum Fiorentinum. — 1. Antonio Fiorentino, peintre. — 2. Giorgio Barbarelli (Giorgione), peintre. — 3. Francesco Muzzuoli (Parmigianino).

CUNEGO (Dominique), né à Vérone en 1727.

588. Deux portraits in-fol. — 1. Clément XIV, d'après Porta (L. 62). — 2. Raphael Mengs, d'après lui-même (L. 66); épreuve avant la lettre ou non terminée.

EISENHOUT (A.), trav. à Rome à la fin du xvie siècle.

589. J. Burgi, in-4 très-finement gravé; plus la contre-épreuve.

FALDONI (G.-A.), né à Asioli vers 1690.

590. Deux portraits in-fol. — 1. Marco Ricci, peintre et graveur,   6 50
d'après Rosalba (H. R. 5). — 2. Sébastien Ricci, peintre
(H. R. 6).

GREGORI (Carlo), né à Florence en 1719.

592. Onze portraits. — 1. Marucelli (Étienne), peintre et sculp-   2 25
teur, d'après Menabuoni. Très-belle épreuve. — 2. Dix
portraits d'artistes pour le Museum Fiorentinum.

JESI (S.), graveur contemporain.

593. Portrait de Longhi, graveur, in-4.

LUCIANI (Ant.), né à Venise vers 1700.   10 50

594. Poggius Braccolinus, historicus florentinus.

LEONI (Ottavio), né à Rome vers 1582.

595. Dix-sept portraits in-4 avec marges. — 1. Leoni (O), L. 8. 20
— 2. Balionus (Joannes), L. 12. — 3. Barberi dit Le
Guerchin, L. 16. — 4. Berninus (Laurent), L. 17. —
5. Cabrera (Gabriel), L. 22. — 6. Cæsar (Joseph), L. 24.
— 7. Galilée (L. 26). — 8. Leonius (Ludovicus), L. 28.
— 9. Marinus (J.-B.), L. 30. — 10. Menicuccius
(Raphael), L. 31. — 11. Pesaro (Pierda), L. 32. —
12. Provenzalis (Marcellus), L. 33. — 13. Qualiatus
(Paulus), L. 34. — 14. Ronchalis (Christ.), L. 35. —
15. Stilianus (Thomas), L. 37. — 16. Tempesta (Ant.),
L. 38. — 17. Vouet (Simon), L. 40.

596. Treize portraits in-4 remontés. — 1. Barberi dit Le Guer- 11 75
chin (L. 16). — 2. Bracciani (Paulus), L. 18. —
3. Ciabrera (Gabriel), L. 22. — 4. Ciampolus (Joann-
Fl.), L. 23. — 5. Cæsar (Joseph), L. 24. — 6. Leonius
(Ludovicus), L. 28. — 7. Marinus (J.-B.), L. 30. —
8. Pesaro (Pierda), L. 32. — 9. Qualiatus (Paulus), L. 34.
10. Ronchalis (Christ.), L. 35. — 11. Stilianus (Th.),
L. 37. — 12. Tempesta (Ant.), L. 38. — 13. Vouet
(Simon), L. 40.

MELLINI (C.-D.), né à Turin vers 1740.

597. Deux portraits. — 1. Le maréchal de Belle-Isle, d'après 6
de La Tour. — 2. Charles-Joseph de Pollinchove, premier président du parlement de Flandres, d'après Aved
(L. 4), in-fol.

598. Deux portraits. — 1. Johannes Bruté, d'après Cochin, in-4. — 2. Pollinchove (Ch.-J.), d'après Aved (L. 4).

MORGHEN (Phil.), né à Florence en 1730.

599. Deux portraits in-fol. — 1. Ferdinand IV, roi des Deux-Siciles, d'après F. Liani (L. 9). — 2. Marie-Caroline, reine des Deux-Siciles.

MORGHEN (Raphael), né à Naples vers 1760.

600. Cinq portraits. — 1. Alfieri (Vittorio), in-8 (L. 112). — 2. Goldoni (Carlo), in-8 (L. 150). — 3. Rocella (la princesse Della), in-4 (L. 173). — 4. Sulgher Fantastici (Fortunata), in-8 (L. 176). — 5. Volpato (Jean), petit in-fol. (L. 186).

MORGHEN (Raphael), né à Florence en 1758.

601. Laurent de Médicis, d'après Vasari (L. 160).

PAZZI (P.-A.), né à Florence, vers 1730.

602. Vingt-quatre portraits. — 1. Vingt-trois portraits d'artistes pour le Museum Fiorentinum. — 2. A. de Mendoza, cardinal.

PORMAVEDE, POZZI, ROZZI.

603. Onze portraits pour le Museum Fiorentinum.

PERFETTI, graveur moderne.

604. Casino, padre della Patria a Raffaelle Morghen, in-fol.

PORPORATI, né à Turin en 1744.

605. Deux portraits. — 1. Le portrait de sa fille, in-4. — 2. Niccolo Frichignono, in-4.

ROSSI (G.), le Vieux et le Jeune.

606. Quatre portraits. — 1. Federico conte veterani, maresciale gen. del Imp. Leopold 1er, d'après Ghezzi, in-fol. — 2. Alessandro Albani, d'après le même, in-fol. — 3. Thomas-Philippe d'Alsace, cardinal, d'après Nelli, in-4. — 4. Philippo de Neri, in-4.

ROTARI (P.), né à Vérone en 1705.

607. Filipo Baldinucci, in-fol.

ROTA (Martin), né à Sebenigo vers 1530.

608. Trois portraits. — 1. Abundius (Antonius), pet. in-4. (H. 5). — 2. Clusius (Ch.), in-8. — 3. Grunbuelt (Arnold Van), in-4.

SCHIAVONETTI (L.), né à Bassano en 1765.

609. Mistriss Damer, en couleur.

TESTA (Pierre).

610. Deux portraits à l'eau forte.

VANGELISTY (V.), né à Florence en 1744.

611. Trois portraits en bonnes épreuves. — 1. Servandoni d'Hannetaire, in-8. — 2. Armand de Bourbon, prince de Conty, in-8. — 3. Anna-Marie Martinozzi, princesse de Conty, in-8.

VANGELISTY (V.), né à Florence en 1738.

612. Trois portraits. — 1. Le chevalier d'Aguesseau, d'après Tournières, in-4. — 2. J. Delille, poëte, d'après Pujos, in-fol. — 3. Charles Gravier, comte de Vergennes, d'après Gallot, in-fol.

VILLAMENA, né à Assises en 1566.

613. Dominicus Turcus, cardinal, in-fol.

613 bis. Quatre portraits de divers graveurs.

ÉCOLE DES PAYS-BAS.

AUDEN ÀERDE (Robert Van), né à Gand en 1664.

614. Huit portraits in-4. — 1. Ottoboni (L. 156). — 2. Archinto (L. 148). — 3. Casanate (L. 151). — 4. La Grange d'Arquin (L. 154). — 5. Sacripanti (L. 157) 2 exemp. — 6. Santa-Cruce (L. 150). — Taurici (L. 159).

BALLIU (Peter Van), né à Anvers en 1614.

615. Neuf portraits in-4. — 1. Godard de Rede. — 2. Jacop Backer (L. 30). — 3. 4. J. Bylert (L. 32) 2 exemp. — 5. J. Leuber (L. 35). — 6. 7. J. Van Bronchorst, 2 exemp. — 8. Godefroy Ier, dit à la barbe. — 9. Philippe Ier, comte de Saint-Paul.

616. Lucy Percy, comtesse de Carlyle, d'après Van Dyck (L. 33) in-fol.

BAPTIST (J.), né à Deutecum, travaillait à Amsterdam vers 1700.

617. Un portrait, in-4.

BARY (Hendrick), né à Anvers vers 1625.

618. Quatre portraits in-4. — 1. Brouwer (J.-D.), L. 13. — 2. Paludanus (Dr B.), L. 31. — 3. Westphalen (F. A.), L. 43. — 4. Grotius.

619. Quatre portraits. — 1. 2. Crabeth (Dirck et Wouter), L. 14. In-4. — Geesteranus (Arnold), L. 18. In-fol. — 4. Taurynus (Jacob), L. 37. In.-fol.

BLOEMAERT (Cornelius), né à Utrecht en 1603.

620. Quatre portraits in-4. — 1. Aribertus (Bartholomæus), liber Baro Malgrati, (L. 231). — 2. Favereau (Jacques), d'après Diepenbecke, (L. 244). — 3. Kircher (Athanase), jésuite, (L. 246). — 4. Martinus regius Ninoviensis vir apostolicus (L. 248). Belle épreuve.

BLOOTELING (A.), né à Amsterdam en 1634.

621. Deux portraits in-4. — 1. F. Mieris (L. 151) en manière noire. — 2. Saaly, Isaac (L. 175.)

622. Trois portraits in-fol. — 1. Cocceius (Johan.) S. Theologiæ professor (L. 112). — 2. Craunen (Théod.), Ph. et Méd. Dʳ (L. 114). — 3. Haren (Wilhem Van), ministre plénipotentiaire (L. 132).

623. Trois portraits in-fol. — Flinck (Govaert), L. 124. — 2. Heidanus (Abraham), ministre de l'église de Leyde (L. 133). — 3. Hulft (Gérard), Directeur général des Indes (L. 141).

624. Deux portraits in-fol.—1. Langelius (M. Hermanus), L. 144 — 2. Charles V, duc de Lorraine et de Bar (L. 148), en manière noire, belle épreuve, elle a de la marge.

625. Trois portraits in-fol. — 1. Ruyter (l'amiral), L. 171 — 2. Visscher (Jean), Théologien (L. 193). — 3. Wittichius (Christ.), siles (L. 197).

BOEL (Coryn), graveur du xviiᵉ siècle

626. Pierre Damont, évêque de Gand. In-4.

BOLSWERT (Schelte a), né à Frise en 1586.

627. Dix pièces in-8 (remontées). — 1 à 5. Ste.-Marie-Magdeleine (gravures différentes). — 6. St. - Bernard. — 7. St.-Antoine. — 8. St.-Thomas. — 9. Jésus-Christ. 10. Ste.-Vierge.

628. Trois portraits in-fol. — 1. Ertvelt (Andreas Van), d'après Van Dyck (L. 204). — 2. Montgaillard (le R. P. Bernard de), L. 209. — 3. Pepyn (Martin), d'après Van Dyck (L. 210).

629. Deux portraits in-fol. — 1. Ertvelt (Andreas Van), d'après Van Dyck (L. 204). — 2. Ruten (Maria), d'après le même (L. 211).

BORREKENS (Mattheus), né vers 1615.

630. Cinq sujets de sainteté. — 1. L'Immaculée Conception, d'après Rubens (L. 4). — 2. St.-François Xavier, d'après le même (L. 6). — 3. St.-Henri, d'après Diepenbeke. — 4. Le B. P. Félix de Valois, d'après Quellinus. — 3. St.-Fabrice, d'après le même.

631. Deux portraits in-fol. — 1. Guillelmus Ripperda, d'après Van Hulle (L. 14). — 2. Butkens (Christ.), d'après Diepenbeke (L. 10).

Bos ou Boscu (Jérôme), né à Bois-le-Duc vers 1498.

632. Tête d'homme qui baille, d'après P. Breughel.

Bouttats (Fréd.), né à Anvers vers 1630.

633. Onze pièces in-4 et in-8. — 1. Anna-Maria, reine d'Espagne (L. 12).—2. Van Heil (Daniel), 2 portraits différents (L. 17-18). — 3. Ryckaert (David), L. 22. — 4. Honduis. — 5. Clément VIII. — 6. Charles-le-Hardy (L. 8). — 7. Philippe-le-Bon (L. 21). — 8. Tegularius (Hermanus), L. 26.—9. Charles II, roi d'Angleterre.—10. Cosme III.

Bouttats (Ph.), né à Anvers en 1650.

634. Trois pièces in-4 et in-8.—1. Clarendon.—2. Charles II, roi d'Espagne (L. 7). — 3. Maximilien, duc de Bavière.

635. Trois portaits in-fol. — 1. Innocent XI, pape (L. 14). — 2. Jean III, roi de Pologne (H. R. 9). — 3. Léopold Ier, électeur.

Brouwer (Jean), hollandais, travailla vers la fin du xviie siècle.

636. Deux portraits. — 1. Joannes Rutilitus Kirchbergæ, in-f. — 2. Hoogenporp, in-8.

Cardon (A.), né à Bruxelles en 1739.

637. Six pièces. — 1. François II, in-8. — 2. Pie VI, in-18. — 3. Van Baveghen, in-8 (L. 3).— 4. Witzthumb, in-8 L. 8). — 5. Verhulst, in-4. (L. 7). — 6. Jeune garçon tenant une grappe de raisin, d'après Rubens, avant la lettre.

638. Quatre portaits in-fol. — 1. De Bast (Martin).— 2. De Cock (Emmanuel-Marie). — 3. Moreau (Victor), général français. — 4. Witzthumb, directeur de l'orchestre de Bruxelles.

639. Deux portraits in-fol. — 1. George, prince de Galles. — 2. Le même personnage en buste.

CAUKERKEN (C. Van), né à Anvers en 1625.

640. Cinq portraits in-4 remontés et un in-fol. — 1. C. Van den Bosch, cardinal (L. 10). — 2. P. Meerte, peintre (L. 13). — 3. P. Snayers, peintre (L. 14). — 4. T. Verhaecht, peintre (L. 15). — 5. R. Van Hoeck. — 6. Michel Le Pelletier, d'après Ladam, in-fol. (mauvaise condition).

CLOUWET (A.), né à Anvers en 1624.

641. Trente portraits in-8 et in-4. — 1. Carrache, peintre. — 2. N. Poussin, id. — 3. Van Dyck, id. — 4 à 30. Vingt-sept portraits de cardinaux.

CLOUWET (Pierre), né à Anvers en 1606.

642. Trois pièces. — 1. Caussin (le P. N.), L. 11, in-4. — 2. Vaussin (Claude), in-4. — 3. Marc-Antoine Carpenedulo, capucin. Très-belle épreuve sur vélin.

643. Deux portraits in-fol. — 1. Richa (Henri), comte de Hollande, d'après Van Dyck (L. 23). — 2. Scribanius (Charles), jésuite, d'après le même (L. 26).

COELEMANS (J.), né à Anvers vers 1670.

644. Quatre pièces. — 1. Maldachini (Dona Olympia), L. 38. In-4. — 2. Turchi (la maîtresse d'Alessandro), L. 50, pièce en rond. — 3. P. Verones, in-4. — 4. St.-André, in-16.

645. Cinq grands portraits. — 1. Aguilles (Messire Vincent Boyer d'), conseiller au parlement de Provence, en 1571. — 2. Aguilles (Messire Jean-Baptiste Boyer d'), conseiller et doyen du parlement de Provence, en 1637. — 3. Aguilles (Messire Pierre-Jean Boyer d'), conseiller au parlement de Provence, en 1709. — 5. Aguilles (Messire Vincent d'), conseiller au parlement de Provence, d'après Le Grand. — 5. Aguilles (Messire Jean-Baptiste Boyer d'), conseiller au parlement de Provence, d'après Rigaud.

646. Deux portraits. — 1. Aguilles (Messire Vincent Boyer d'), conseiller au parlement de Provence, d'après Le Grand (L. 29). — 2. Malherbe (François), poète, d'après Finsonius (L. 39).

647. Quatre pièces in-4. — 1. Ruten (Conrardus), d'après Broncharst (L. 46). — 2. Un Docteur de Louvain, d'après Rubens (L. 51). — 3. Le même avant le numéro 45. — 4. Un noble vénitien, d'après le Titien.

COLLIN (Richard), né à Luxembourg en 1626.

648. Treize pièces in-4. — 1. A. Quellinus, statuaire —
2. Richard Collin, graveur. — 3. A. Van Leyen, peintre.
— 4. P. Van Thielen. — 5. Christine, reine de Suède.
— 6. Georgy Petri en prières.—7. Jean Ier, le Victorieux.
— 8. 9. J. Bona, Cardinal, 2 exemp. — 10 à 13. Quatre
frontispices.

649. Trois portraits. — 1. Bona (J.), cardinal. In-8. — 2. Bollandus (Joannes). In-fol. — 3. Thielen (J.-P. Van). In-4.

650. Huit portraits in-fol. et in-4. — 1. Bollandus (Jean),
historiographe, d'après Fruytiers. — 2. Gregorius a
Sancto Vincentio de Bruges. — 3. Charles II, roi d'Es-
pagne. *Grande pièce; elle a de la marge.* — 4. Collin
(Richard), L. 82. — 5. Murillo (Bartholomeus-Morillus),
L. 92.—6. Raspigliosius (Jacobus), L. 99. — 7. Quellinus
(Artus), statuaire, (L. 95). — 8. Thielen (Jean-Philippe
Van), L. 106. *Très-joli lot.*

CORT (C.), né à Horn en 1536.

651. Deux pièces in-8. — 1. Moretus (Marc-Antonius), L. 68.
— 2. Florentinus (Petrus-Victorius).

CUSTOS (D.), né à Anvers en 1560.

652. Quarante-trois portraits divers.

DALEN (Cornelius Van), né à Harlem.

653. Deux portraits in-fol. — 1. Delebœ (François), Méd.-Doct.
(L. 23). — 2. Pré (Esaias du), Docteur en théologie.

DANKERTS, né à Anvers vers 1600.

654. Silvius (Jean), gravé en contre partie d'après le portrait de
Rembrandt.

DANNOOT (Pierre).

655. Trois portraits de jésuites in-fol. — 1. St-François Xavier.
— 2. St.-Ignace de Loyola. — 3. Mostrillius (Marcel†.

DELFF père, né à Delft en 1580.

656. Huit pièces. — 1. Gerritsz (Lubbert), L. 28. In-4. —

2. Wtenbogaerd, d'après Morselen (L. 54). In-4.— 3. Le même, d'après Mierevelt. In-4. — 4. Marie Strickia, in-4. *Rare.* — 5. Joseph del Medico, in-4. — 6. Hans de Ries, in-4. — 7. Constante, in-4. — 8. Louisæ Julianæ, princesse d'Autriche. *Très-belles épreuves.*

657. Cinq portraits in-4 et in-fol. — 1. Cats (Jacob), poète (L. 17). — 2. Ducher (Jean), D^r en théologie (L. 23). — 3. Grotius (Hugo), L. 29. — 4. Triglandius (Jacobus) L. 51. — Hallius (Joh.), ministre protestant.

658. Quatre portraits in-fol. — 1. Van der Linden (Ant.), Méd.-Doct. *Très-belle épreuve.* — 2 Simon épiscopius. — 3. Sombix (Félix de), fameux maître d'écriture à Anvers (L. 46). *Très-belle épreuve* — 4. Wtenbogaerd (Jean), d'Utrecht (L. 54).

DIAMAER (A.-F.), trav. à Bruxelles dans le xviie siècle.

659. Deux portraits in-fol. — 1. Mirœus (Albertus), d'après Van Dyck. — 2. Zoesius, professeur en droit. (Avant l'inscription).

DOES (Ant. Van der), travailla à La Haye de 1610 à 1650.

660. Trois portraits in-4. — 1. Bramer (L.), L. 7. — 2. Manuel Moura Cortereal (L. 8). — 3. Mathan (J.) L. 13.

661. Trois pièces in-4. — 1. Jansénius (Cornelius), évêque d'Ypres (L. 11). — 2. Adriaenssen (Alex.) peintre, d'après Van Dyck. — 3. Un homme tenant un pot et un'verre, d'après Lievens.

DUJARDIN (Carle), né à Amsterdam vers 1640.

662. Portrait de Devos, poète hollandais, vu presque de face, à mi-corps, un rouleau de papier à la main gauche. Belle épreuve d'un morceau rare provenant de la vente Debois, acheté 38 fr.

DYCK (Ant. Van), né à Anvers en 1599.

663. Vos (Paul de), peintre, (L. 21) 5e état.

EDELINCK (Jean), né à Anvers en 1630.

664. Diemerbroeck (Isbrandus de), médecin à Utrecht, d'après R. de Hooghe (L. 14).

ENDLICH (Philippe), né à Amsterdam vers 1700.

665. Anne, princesse d'Orange, d'après Amiconi.

FLINCK (Govaért), né à Clèves en 1616.

666. Six bustes d'hommes et de femmes, à mi-corps, dans le costume du temps (eaux-fortes).

FOCKEN (Henri).

667. Coccejus (Joh.), théologien, d'après Palamedes, in-fol.

FOKKE (S.), né à Amsterdam en 1712.

668. Deux portraits pet. in-4.

FOLKEMA (J.), né à Dockum en 1692.

669. Vingt-cinq pièces diverses. — 1. Ens (Johann.), in-4 (L. 17). — 2. Le même avant la lettre. — 3. Peter de Maestrick, in-4 (L. 19). — 4. Schryver (Peter), in-4 (L. 21). — 5. Snethlagius, in-4 (22). — 6. Corfitz Ulfeld avec son épouse, in-4. — 7. Frontispice des œuvres de Boileau, in-12. — 8. Fortgens (Michael), in-4. — 9. La Bruyère, in-8. — 10. Voltaire. — 11. F. Burmannus. — 12. Schlichling (L.-D.), in-4. — 13. Van Gysen (J), in-4. — 14. Gottlieb (J.), in-4. — 15. J.-D. Mann, in-4. — 16 à 25. Dix portraits et pièces diverses.

670. Quatre portraits in-fol. et in-4. — 1. Bock (Jérome de), évêque d'Harlem. — 2. Varlet (Marie), évêque de Babylone. — 3. Gysen (Jean Van). — 4. Boskoop's.

671. Cinq portraits in-fol. et in-4. — 1. Ens (Joh.), théologien. — 2. Borselen (Frank von), stathouder. — 3. Koning (Martin). — 4. Tyken (Jacob). — 5. Vonck (Corn.-Val.).

FREY (J.-P. Van), né à Amsterdam en 1770.

672. Six belles eaux-fortes in-fol. avec marge. — 1. Gérard Dow, d'après lui-même, épreuve avant la lettre. — 2. Homme assis dans un fauteuil, d'après Rembrandt (L. 24), épreuve avant la lettre. — 3. Portrait d'un homme coiffé d'un chapeau à plumes, d'après Droost

(L. 30), avant la lettre. — 4. L'ermite, d'après Breke-
lenkamp (L. 34), avant la lettre. — 5. Homme en buste,
coiffé d'un bonnet orné d'une aigrette, morceau carré sans
aucun nom. Belle épreuve.—6. Vieillard à barbe, coiffé d'un
chapeau à larges bords, d'après Rembrandt, avant la
lettre. Ces six eaux-fortes ont de la marge.

Fritzsh (Christ.), a gravé à Amsterdam et à Hambourg.

673. Deux portraits in-fol.—1. Gyongyossi de Petteny (Paulus),
médecin. — 2. Pierre-Léopold, archiduc d'Autriche.

Galle (Corneille), le Vieux, né à Anvers en 1570.

674. Deux portraits in-fol. — 1. Wiggers (Johannes), L. 263.
— 2. Ferdinandus.

675. Dix-sept portraits fondateurs de la religion, saints et
saintes.

676. Quarante-deux pièces. — Trente-un portraits et frontispice
Virorum illustrium. — Six portraits et frontipice Icones
prophetarum. — Cinq portraits divers.

677. Trente-un portraits des fondateurs des religions.

Galle (Corneille), le Jeune, né à Anvers vers 1600.

678. Cinq portraits in-fol. — 1. Léopold-Guillaume, archiduc
d'Autriche (L. 54). — 2. Deckher (Johannes), d'après
Van der Horst (L. 57). — 3. Lessius (Léonard), d'après
Rubens (L. 63).—4. Lipse (Juste), L. 64.—5. Piccolomini
(Ottavio), d'après Van Hulle (L. 72).

679. Deux saintetés. — 1. F. Joannis a Sancte-Sansone, car-
mélite. — 2. St.-Benoît.

680. Trois portraits. — 1. Deckher (J.), in-fol. (L. 57). —
2. Isabelle, infante d'Espagne, in-4 (L. 60). — 3. Rubens
(Philippe), in-4 (L. 73).

Galle (Théod.), né à Anvers en 1560.

681. Quatre portraits. — 1. Juste Lipse, pet. in-fol. (L. 213).
— 2. Carolus Philippus à Rodoan Episcopus Brugensis,
in-8. — 3. Petrus Simons, Episcopus Iprensis, in-8. —
4. Petro Coecke, pictori, in-4.

GOLE (Jakob), né à Amsterdam en 1660.

682. Trois portraits in-fol. — 1. Charles XII, roi de Suède
(L. 96), en manière noire. — 2. Jurieu (Pierre), pasteur
et professeur de théologie (L. 73), en manière noire. —
3. Marie-Thérèse d'Autriche, reine de France.

GOLTZIUS (Henri), né à Mulbrecht en 1558.

683. Forostus (Pierre), L. 158, B. 169.

684. Nicquet, (Belle épreuve) L. 167, B. 177.

685. Zurenus (Jean), L. 179, B. 189. *(L'épreuve est abîmée).*

686. Un homme en buste (Sovius), B. 207. Très-belle épreuve
sur vélin avec marge.

687. Cornhert (Théod.), peintre et graveur (B. 164). 1er état.
Épreuve avant le passe-partout. *Laisse à désirer pour la
conservation.*

688. Boll (Jean), peintre de Malines (B. 161) Belle épreuve,
elle a de la marge.

689. Orange (Guillaume de Nassau, prince d'), B. 178. — Le
pendant du morceau précédent, Charlotte de Bourbon-
Montpensier, son épouse (B. 179).

690. Un capitaine d'infanterie, marchant avec une hallebarde
(B. 126). *Belle épreuve tachée.*

GUNST (Pierre Van), né à Amsterdam en 1667.

691. Huit portraits. — 1. Chevreau, in-8 (H. 1). *Belle épreuve,
marge.* — Saint-Evremon, in-4 (H. 3). — 3. Bekker
(Balthasar), in-4, *marge.* — 4. Galenus, in-4. — 5. Hillers,
in-4, *marge.* — 6. Van Leenpof, in-4. — 7. Simon, in-4.
— 8. Van der Goes, in-4, *marge.*

692. Trente-un portraits de personnages remarquables d'Angleterre, d'après Van der Werff.

693. Cinq portraits. — 1. Guillaume III, roi d'Angleterre
(H.-R. 29). — 2. Frédéric-Guillaume, électeur de Brande-
bourg. — 3. Goere (Wilhelmus). — 4. Hoogstraten
(David Van). — 5. Meulen (Guillaume Van), peintre.

694. Quatre portraits. — 1. Hero Sibersma, prédikant (H.-R. 9).
— 2. Fabricius (Franc.), théologien. — 3. Honert (Van
den). — Verburgius (Isaac).

695. Deux portraits in-fol. — 1. Philippe de Limbourg. —
2. Junius (François).

HAELWEGH (Adrien).

696. Trois portraits in-fol. — 1. Marie-Magdeleine d'Autriche. — 2. François Ier, grand-duc de Florence. — 3. Scanarolus (J.-B.), mutinensis (L. 36).

HARREWYN (Franz), né à Bruxelles vers 1680.

697. Deux portraits in-fol. — 1. Anselme-François, prince de la Tour et de Tassis. — 2 Herzelle (Ambroise-Joseph, marquis de).

HOLSTEIN (P.), né à Harlem vers 1582.

698. Sept portraits gr. in-4. — 1. Ernest Guillaume, comte de Benthem. — 2. Philippe-Conrad, comte de Benthem. — 3. Rutger Van den Boitzelaer. — 4. Balthasar Van Byma. — 5. Adrien Pauw. — 6. Jean Picardi. — 7. Anne de Ruytemburgh. *Bonnes épreuves.*

HOLSTEYN (Pierre), trav. à Harlem de 1602 à 1661.

699. Deux portraits. — 1. Catz (Balduinus), évêque (L. 2), in-fol. — 2. La Chambre (Jean de), calligraphe, in-4.

HONDIUS le Vieux, né à Duffel en 1576.

700. Sept portraits in-4. — 1. Corneille Cort. — 2. Mélanthon. — 3. Calvin. — 4. Anbaldinus. — 5. Érasme. — 6. Lembertus Danœus. — 7. Jean Pomer.

701. Six portraits d'artistes, in-4. — 1. Jac. Binckius. — 2. Luc Leidano. — 3. Joan. Mabusio. — 4. Jod. Monperus — 5. Ch. Quebornus. — 6. Corn. Vissherus.

702. Cinq portraits. — 1. 2. Maritius, 2 exempl. — 3. Spinola. — 4. Philippe III. — 4. Jac. Grynaeus.

HONDIUS (Wilhem), né à La Haye en 1640.

703. Trois portraits in-fol. — 1. Son portrait, d'après Van Dyck (L. 8), 3e état. — 2. Franck le jeune, d'après le même (L. 6), 2e état. — 3. Le même portrait, même état.

Houbraken (Jacob), né à Dordrecht en 1698.

704. Onze pièces in-4. — 1. Cinq médaillons sur une feuille, représentant les inventeurs de l'imprimerie. — 2. Six médaillons représentant les mêmes. — 3. Bumannus (Petrus), in-4 en méd. — 4. Lotichius (Petrus), petit in-4. — 5. Graeft (Cornelis de), in-8. — 6. Van Geel, in-4, belle épreuve avec marges. — 7. Rapin de Thoyras, in-4. — 8. Verkalje (N), in-4, belle épreuve avec marges. *Rare*. — 9.10.11. Trois portraits divers in-8, dont deux avant la lettre.

705. Vingt-neuf pièces portraits de la vie des peintres, in-8.

706. Douze portraits in-4. — 1. Anson (L.-G.), — 2. Boll (Th. Van der). — 3. Bidloo (Lambert). — 4. Bielfeld (baron de). — 5. Boddaert (Pierre). — 6. Bogaert (Abraham). — 7. Bosch. — 8. Boskoop (J.). — 9. Brandt (K.). — 10. Brandt (J.). — 11. Buxtorfius (A.-J.). — 12. Brunswig (F. duc de).

707. Quatorze portraits in-4. — 1. Corneliszoon (H.). — 2. D'Herbelot. — 3. Fredericus Georgii Walliæ principis. — 4. Goerce (J.); très-belle épreuve. — 5. Graauwhart. — 6. Groote (H. de). — 7. Haes. — 8. Hengstenburgh. 9. Hennebo. — 10. Hoffmann (J.-M.). — 11. Hoogstratanus. — 12. Hoogvlict. — 13. Houbraken. — 14. Huydecoper.

708. Dix portraits in-4. — 1. Janszoon (L.), — 2. Janszoon (L.), d'après Schouman. — 3. Kuyper, *taché*. — 4. Langendyck. — 5. Le Long (Isaac). — 6. Lodewick. — 7. Loo (Hermanus Van). — 8. Merian (Maria-Sibilla). — 9. Montagne (Michel de). — 10. Mosheinn.

709. Sept portraits in-4 et in-8. — 1. Nassau. — 2. Orange (Guillaume II, prince d'); très-belle épreuve. — 3. Pierre le Grand, in-8. — 4. Puffendorf, in-8. — 5. Rabus (Pierre), d'après Boddeker. — 6. Le même, d'après Sanders. — 7. Rousset de Missy.

710. Onze portraits. — 1. Scriverius (Petrus), très-belle épreuve. — 2. Verduin (Abraham). — 3. Christian de Vierde. — 4. Le même avant la lettre. — 5. Vryhoft (H.-G. Van). 6. Voet. — 7. Wagenaar. — 8. Weyerman (J.-Campo); belle épreuve. — 9. Winter (N.-S. Van). — 10. Witt (Johan de). — 11. Wolters (Henriette); belle épreuve.

711. Quatorze portraits in-8. — 1. Anne, reine d'Angleterre. — 2. Aarsens (Cornelis Van). — 3. Bankert (Ad.). — 4. Bardesius (W.). — 5. Beuningen (K. Van). —

6. Beverninck (W. Van). — 7. Bicker (Dr A.). — 8. Bicker (Cornelis).— 9. Boisot (L. Van).— 10. Borssele (J. Van). — 11. Borssele (A. Van). — 12. Brederode (H. Heer Van). — 13. Buis (P. Van). — 14. Burg (Albert-Coenraads). — 15. Buyck (Joost).

712. Vingt-cinq portraits in-8. — 1. Citters (Aernout Van). — 2. Citters (Casper Van). — 3. Citters (Wilhem Van). — 4. Corneliszoon (Willem). — 5. Cromhout (A.-R.) — 6. Cuchlinus (J.). — 7. Diederik. — 8. Dieu (Daniel de). — 9. Does (Johan Van der). — 10. Dussen (Bruno Van der). — 11. Egmond (Graaf Van). — 12. Evertsen (Cornelis). — 13. Florisz (Pieter). — 14. Geelvinck (Lieve). — 15. Le même avant la lettre. — 16. Gilles (Jacob). — 17. Le même avant la lettre. — 18. Goes (Aert Van der). — 19. Goes (Adriaan Van der). — — 20. Gaslinga (Sicco Van). — 21. Le même, avant la lettre.— 22. Graeft (Janszoon de).— 23. Grave (Henrik). 24. Le même avant la lettre. — 25. Gysbrecht.

713. Dix-neuf portraits in-8.—1. Hartsinck (Carel).—2. Hartsinck (Jean-Jacob). — 3. Hasselaer (Nicolaas). — 4. Le même avant la lettre. — 5. Hasselaer (Kenau-Simons). — 6. Hasselaer (Gerard a Arnout). — 7. Heide (Johan Van der). — 8. Heim (Anthonis Van der). — 9. Hendrik (Adolphe). — 10. Hinloopen (J.-J.). — 11. Hooft (Cornelis-Pieterszoon).— 12. Hooft (Gerrit). — 13. Hooft (Henrik). — 14. Le même avant la lettre. — 15. Hoog (Thomas). — 16. Hoornbeek (Isaac Van). — 17. Hop (Jacob). — 18. Hulst (Van der). - 19. Huydecoper. — 20. Le même avant la lettre.

714. Treize portraits in-8. — 1. Jansz (J.-Boreel). — 2. Keulen (Cornelisse Van).— 3. Kies (Pieter-Janszoon.— 4. Knuyt (Johan de). — 5. Kok (Krans-Bonning).— 6. Kortenaer. — 7. Laan (Nicolaas Van der). — 8. Le même avant la lettre.— 9. Lampsius (Cornelis).— 10. Maalzon (François). — 11. Meerman (Johan). — 12. Meppel (Corneliszoon).

715. Quinze portraits in-8. — 1. Nassau (Ernest-Kusimir Van). — 2. Nassau (Henrik-Kasimir Van). — 3. Nes (Aerd Van). — 4. Oostenrik (Margareta Van). — 5. Pauw (Adriaan) 1578. — 6 Le même avant la lettre. — 7. Pauw (Adriaan), 1646. — 8. Poll (Henrik). — 9. Le même avant la lettre. — 10. Poll (Jan Van de), bourg-mestre. — 11. Le même avant la lettre. — 12. Poll (Jan Van de), 1755. — 13. Poll (Pieter Van). — 14. Le même avant la lettre. — 15. Puffendorf.

716. Dix-huit portraits. — 1. Reexstool (J.-P.). — 2. Rendorp (Pieter). — 3. Roelofszoon (Egbert). — 4. Rossum (Marton Van). — 5. Ruykhaver (Nicolaas). — 6. Rycke (Pieter de). — 7. Schryver (Cornelis). — 8. Spiegel (Hendrik). — 9. Steyn (Pieter). — 10. Stork (Abraham). — 11. Trigland (Jacobus). — 12. Valdez (don Francisco de). — 13. Vierde (Willem de). — 14. Vierde (Filips de). — 15. Vries (Tjerk Hiddes de). — 16. Weede (Everard Van). — 17. Willem (Unico). — 18. Witsen (Jonas).

717. Douze portraits in-8. — 1. Boisot (Lodewyk Van). — 2. Does (Jehan Van der). — 3. Hont (Jan Van). — 4. Moons (Magdalena). — 5. Valdez (Don Francisco de). — 6 Werf (Pieter-Adriaansz Van der). — Les mêmes parfaitement coloriés, rehaussés d'or.

718. Dix-huit portraits divers in-8 et in-4.

719. Six portraits in-fol., souverains et princes. — 1. Louis XV, roi de France, d'après Heilman — 2. Pierre Ier, grand-duc, d'après C. de Moor (L. 179). — 3. Fréderic III, électeur de Brandebourg, d'après A. Pesne. — 4. Christiaan de Vierde, Koning Von Denemarken, d'après Mander. — 5. Louis, duc de Brunswick, d'après Schouman. — 6. Sophie-Dorothée de Brunswick-Lunebourg, reine de Prusse, d'après A. Pesne.

720. Trois portraits in-fol., archiducs et archiduchesses d'Autriche. — 1. Joseph enfant, d'après Maydens (L. 27). — 2. Marie-Christine (L. 29). — 3. Marie-Élisabeth (L. 30).

721. Douze princes et princesses d'Orange, in-fol. — 1. Amélie de Solms, femme de Fréderic-Henri, d'après Honthorst (L. 150). — 2. Anne d'Angleterre, femme de Guillaume IV, d'après Pothoven. — 3. Anne de Saxe, femme de Guillaume-Maurice, d'après le même. — 4. Caroline, princesse d'Orange, d'après Misard. — 5. Guillaume, stathouder de Hollande, d'après le même. — 6. Le même personnage, d'après Haag. — 7. Guillaume-Charles-Henri Frison, d'après Pothoven (L. 154). — 8. Jean-Guillaume Frison, d'après Quiter (L. 155). — 9. Louise de Coligny, femme de Guillaume-Frédéric-Henri, d'après Mierevelt. — 10. Marie-Louise, princesse douairière, d'après Accama (L. 157). — 11. Marie, femme de Guillaume II, d'après Honthorst (L. 158); très-belle épreuve. — 12. Marie-Stuart, femme de Guillaume III, d'après Netscher (L. 22).

722. Cinq portraits gr. in-4, personnages remarquables. —
— 1. Bielfeld (le baron de), d'après Stein. — 2. Buffon
(G.-L. Le Clerc, comte de), d'après Drouais. — 3. Le
même portrait, colorié. — 4. Burmannus (J.), professeur
de botanique (L. 47). — 5. Rousset de Missy (J.),
d'après J. Fournier (L. 174).

723. Quatre portraits in-fol., médecins et chirurgiens.—1. Albinus
(Bernard-Siegfried), d'après C. de Moor. — 2. Gaubius
(Jérôme-David), d'après Vander My (H. 16). — 3. Gorter
(Joh. de), d'après Quinkhard (L. 87). — 4. Titsingh
(Abraham), d'après Quinkhard.

724. Six portraits in-fol. et in-4, théologiens et savants. —
1. Alberti (Johannes), d'après F. Decker (L. 24). —
2. Alphen (Jérôme Van), d'après Quinkhard.— 3. Boskoop
(Johannes), d'après le même. — 4. Burmannus (Franç.),
d'après le même. — 5. Burmannus Secundus (Petrus),
d'après le même. — 6. Buys (Egbert), d'après P.-F. de
la Croix.

725. Huit portraits in-fol. et in-4, théologiens et savants. —
1. Curtenius (Petrus), d'après Quinkhard. — 2. Draken-
borch (Arnold), d'après le même (L. 64). — 3. Dumbar
(Gerhardus), d'après Palthe. — 4. Gravesande (Guillaume-
Jacob), d'après Wandelaer (L. 88). — 5. Heineccius
(Joan-Gotl.), d'après Muller (L. 99). — 6. Honert (Joh.
Van den), d'après Van der My (L. 104). — 7. Hoorn
(JacobVan), d'après Quinkhard.—8. Houthoff (Cornelius),
d'après Wandelaer (L. 106).

726. Neuf portraits in-fol. et in-4, théologiens et savants. —
1. Lulofs (Johan), professeur, d'après Wandelaer (L. 130).
— 2. Lundius (Johan). — 3. Millius (David), d'après
Quinkhard (L. 135). — 4. Perizonius (Rutgerus), d'après
le même (L. 164) — 5 Ravesteyn (Henry), d'après
Bosch. — 6. Struyck (Nicolas), d'après Quinkhard. —
7. Vorstius (Jan-Hendrik), d'après Mertens. — 8. Wes-
selius (Joh.), d'après Quinkhard. — 9. Westerhoff (Joh.-
Henri), d'après Buys.

727. Quatre portraits in-fol., personnages remarquables. —
1. Fesch (Jean-Rodolphe) de Basle, d'après Huber
(H. R. 29). — 2. Houthoff (Cornelis), d'après Quinkhard.
— 3. Valentinus (Franciscus), d'après Boonen. —
4. Wagenaar (Jan), historien, d'après Buys.

728. Huit portraits in-fol., bourgmestres d'Amsterdam. — 1. Bempden (Egidius Van den), d'après Wandelaer (L. 37). — 2. Le même portrait (2e exempl.). — 3. Calkoen (Jan), d'après Reyters. — 4. Hasselaer (Gerard-Arnoud), d'après Wandelaer (H. R. 13). — 5. Hop (Cornelis), d'après le même. — 6. Rendorp (Pierre), d'après Van der My. — 7. Sticher (Jean-Baptiste), d'après Wandelaer. — 8. Temminck (Egbert de Vry), d'après le même.

729. Personnages remarquables d'Angleterre. Deux portraits in-fol. — 1. Arlington (Henri-Bennett, duc d'), d'après Lely. — 2. Bacon (Nicolas), garde-des-sceaux, d'après Zuccaro (L. 32); très-belle épreuve.

730. Personnages remarquables d'Angleterre. Cinq portraits in-fol. — 1. Buckingham (Georges-Villiers, duc de), d'après Johnson (L. 42). — 2. Buckingham (Henri-Strafford, duc de), L. 43. — 3. Georges Ier, roi d'Angleterre, d'après Kneller (K. 19). — 4. Northumberland (Algeroon-Piercy, comte de), d'après Van Dyck (L. 140). — 5. Somerset (Edward-Seymour, duc de), d'après Holbein (L. 192).

731. Bentzmaune, d'après Klein; très-belle épreuve.

732. Cattenburg (Adrien), professeur de théologie, d'après Wandelaer (L. 52). — Le même portrait avec huit vers en bas.

733. Collen (Ferdinand Van), bourgmestre, d'après Wandelaer (L. 55).

734. Elzevier (Pierre), d'après Quinkhard.

735. Eversdyk (Cornelis-Fr.), d'après W. Eversdyk (L. 75).

736. Ferdinand, duc de Brunswick et de Lunebourg, d'après Zisenis; belle épreuve; manque de marge.

737. Fleury (André-Hercule de), cardinal, d'après Audran (L. 79); très-belle épreuve, *mais piquée.*

738. Geelvinck (Lieven), bourgmestre d'Amsterdam, d'après Wandelaer (L. 83). — Le même portrait, épreuve avant l'adresse.

739. Glafey (Christ.-Gotlieb), d'après Selice; *pièce remarquable* (Joubert, Basan).

740. Grotius (Hugo), d'après Mierevelt (L. 89). — Madame Grotius (L. 91).

741. Un second exemplaire du portrait de Mme. Grotius.

742. Honert (Johan Van den), d'après Van der My (L. 104). ... 1 . 25

743. Honert (Taco-Hajo), d'après Van der My (L. 105).. 1 25

744. Hooft (Pierre-Corneliszoon), d'après Mierevelt (L. 107); très-belle épreuve; marge. 2 50

745. Hooghe (Romein de), graveur, d'après H. Bos (L. 109); très-belle épreuve, sans marge. 3 25

746. Houbraken (Jacob), d'après Quinkhard (L. 110); très-belle épreuve, grandes marges. 6 25

747. Imhoff (Gustave-Guillaume, baron d'), gouverneur des Pays-Bas, d'après Quinkhard (L. 111). 1

748. Deux portraits in-fol. — 1. Haverscamp (Sigebert), d'après Van Micris (L. 97). — 2. Loon (Gerard Van), d'après le même (L. 129). 1 75

749. Loon (Gerard Van), numismate, d'après Van Miéris (L. 129). 1 75

750. Miéris (Van), peintre, d'après lui-même. 2 50

751. Trois portraits. — 1. Rabus (Pierre), d'après Badekker (L. 168). — 2. Le même personnage, d'après le même. — 3. Le même personnage, d'après Sanders. 3 25

752. Rauwertz (Jean-Isaac), tenant un livre, d'après Pothoven (L. 170); épreuve avant toutes lettres et avant les noms des artistes; très-grandes marges. 2 50

753. Le même portrait avec la lettre; très-grandes marges. 1 50

754. Schmidt (Joh.-Ern.), Consul civitatis Gedanensis, d'après Klein; très-belle épreuve. 1

755. Scriverius (Petrus), d'après Wandelaer; très-beau portrait. 1 25

756. Seba (Albertus), pharmacien d'Amsterdam, dans son laboratoire, d'après Quinkhard (L. 183); très-belle épreuve d'un des plus beaux portraits d'Houbraken. 8 25

757. Sixiaden, bourgmestre de Hollande, d'après J. Wandelaer (L. 188); très-belle épreuve. 2

758. Temmink (Johan), d'après Quinkhard (L. 200). 1 50

759. Troost (Cornelis), d'après lui-même (L. 205). 1 50

760. Vitriarius (Joh.-Jacob.), professeur, d'après Van der My (L. 211). 1 50

761. Weyerman (Jacob-Campo), d'après Troost (L. 217). 1 50

762. Deux portraits anonymes. 3 75

Hoy (N. Van), né à Anvers en 1626.

763. Un portrait d'après le Titien (eau-forte), in-4.

Isac (Jaspar), travailla à Paris dans la première moitié du xvii° siècle.

764. Deux portraits in-fol. — 1. Charondas le Caron (Louis), jurisconsulte (L. 28). — Cæsar Baronius Sorronus.

Jode (Gérard de), né à Anvers en 1521.

765. Les douze Césars, treize petites pièces.

Jode (Arnold de), né à Anvers en 1636.

766. Pallavicini, cardinal, d'après Titien Vecelli (L. 7).

Jode (Peter de), le Jeune, né à Anvers en 1696.

767. Sept portraits d'artistes, in-4. — 1. P. de Jode le Vieux. — 2. P. de Jode le jeune. — 3. Bosboom (S.). — 4. Cassiers (J.). — 5. Dankerts de Ry. — 6. Faydherbe (L.). — 7. Quellinus (E.).

768. Trente-trois portraits in-4, empereurs d'Allemagne, ducs d'Autriche, de Saxe, etc.

769. Trente-deux portraits in-4, rois, reines et personnages remarquables d'Espagne.

770. Quinze portraits in-4. — 1. Armand de Bourbon, prince de Conty. — 2. Henri de Bourbon, prince de Condé. — 3. Louis de Bourbon, comte de Savoye. — 4. Charles IX. — 5. Charles, duc de Bourbon. — 6. Cardinal Du Plessis. — 7. Comte d'Harcourt. — 8. Charles de Longueval. — 9. Louis XIII. — 10. Louis XIV, enfant. — 11, 12. Marie de Médicis (deux différents). — 13, 14. Cardinal Mazarin (deux différents). — 15. Marguerite, duchesse d'Orléans.

771. Six portraits in-4. Rois, reines et personnages remarquables d'Angleterre.

772. Onze portraits. Rois, reines et personnages remarquables de la Suède, Norwège, etc.

773. Dix portraits. Comtes de Nassau et autres.

774. Dix-sept portraits divers, dont quatre de Masaniello, trois de François de Moncade.

775. Neuf portraits in-4. — 1. Grégoire XV, pape. — 2. Innocent X, pape. — 3. Paul V, pape. — 4. Urbain VIII, pape, et cinq cardinaux, abbés, etc.

776. Quinze portraits divers, in-4.

777. Douze portraits divers, in-4, montés sur trois grandes feuilles.

778. Huit portraits divers, in-4, montés sur demi-feuille in fol.

779. Deux portraits in-fol. — 1. Charles Iᵉʳ, d'après Van Dyck (L. 37). — 2. Henriette-Marie, reine d'Angleterre, d'après le même (L. 41).

780. Six portraits in-fol. — 1. Colins (André), sculpteur, d'après Van Dyck (L. 61). — 2. Coster (Adam de), peintre; d'après le même (L. 63). — 3. Francavilla (Petrus a), d'après Bunel (L. 77). — 4. Kinschot (Franciscus de (L. 93. — 5. Laurin (Henricus-Florent), d'après Diepenbeeke (L. 96). — 6. Un second exemplaire du même portrait.

781. Six portraits in-fol. — 1. Puteanus (Erycius), historiographe des Pays-Bas, d'après Van Dyck (L. 116). — 2. Ricciardi (Thomas), d'après S. Vouet (L. 119). — 3. Snellincx (Jean), peintre, d'après Van Dyck (L. 127). — 4. Le même portrait avec l'adresse de Van den Enden. — 5. Spinola (Ambroise), d'après Rubens (L. 128). — 6. Braciamonte (Gaspar de), d'après Van Hulle.

LAUWERS (C.), travailla à Anvers dans la seconde moitié du xvııᵉ siècle.

782. Quatre portraits d'artistes. — 1. Bredael (Petrus Van), in-4 (L. 20). — 2. Quellinus (Aertus), in-4 (L. 26). — 3. Son (Georgius Van), in-4 (L. 28). — 4. Verbrugghen (Petrus), in-4 (L. 29). — 5. Boncompagnus (H.), cardinal.

783. Vigier (le R. P. Antoine), âgé de 94 ans, d'après J. Cossier (L. 30).

LAUWERS (N.), né à Leuse en 1630.

784. Quatre portraits. — 1. Barca (Heliodore de), d'après Rubens, et la copie. — 2. Barca (F.-M. de), d'après le même, et la copie.

LEONART (J.-F.), né à Dunkerque en 1633.

785. Deux portraits. — 1. Loyens (Hubertum), d'après Ph. de

Champagne, en manière noire ; in-4. (L. 24). — 2. Merstraten (Justi de), d'après A. Van Dyck (L. 26), en manière noire ; in-fol.

LIVENS (J.), né à Leyde en 1607.

786. Deux portraits in-fol. — 1. Gouter (Jacques), musicien de Charles Ier (L. 9), eau-forte ; belle épreuve — 2. Vondel (Juste), poëte hollandais (L. 11), 2e état.

LOMMELIN (Adrien), né à Amiens.

787. Trois portraits in-fol. — 1. Bisthoven (J.-B. de), jésuite, d'après A. Van Dyck (L. 20). — 2. Bolswert (Schelte a), graveur, d'après le même (L. 21). — 3. Hontsum (Zegerus Van), d'après le même (L. 25).

788. Quatre portraits in-fol. — 1. Lemon (Marguerite), debout, tenant une fleur, d'après A. Van Dyck (L. 27). — 2. Malder (Jean), évêque d'Anvers, d'après le même (L. 3). — 3. Marselaer (Fréderic), bourgmestre de Bruxelles, d'après le même (L. 31). — 4. Stevens (Adrien), d'après le même (L. 34).

LOUIS (Jacob), né à Anvers en 1600.

789. Carignan (François-Thomas de Savoie, prince de), d'après A. Van Dyck (L. 5).

LUTMA (Jean), né à Amsterdam en 1609.

790. Quatre portraits gravés au maillet. — 1. Jean Hutma père, orfèvre — 2. Jean Hutma fils, le graveur. — 3. Vondel, poète hollandais. — 4. P.-C. Hooft, historiographe ; belles épreuves.
Provient de la vente Camberlyn, N° 1773.

MATHAM père (J.), né à Harlem en 1571.

791. Six portraits. — 1. Son portrait, gravé par Van der Does, in-4. — 2. Merula (Paulus), in-4 (L. 48). — 3. Winghe (Philippe), in-8. (L. 54). — 4. Van den Velde, in-4. Huber N° 2. — 5. Bullius (N.), in-4 (H. 3). — 6. Goltzius, in-4 (Bartsch, 23).

792. Quatre portraits. — 1. Bloemaert (Ab.), peintre (L. 40), in-fol. — 2. Christiaeusz (Pierre-Bor.), L. 43, in-fol. — 3. Merula (Paul), L. 48, in-4. — 4. Semshoef (Job.), in-4.

MATHAM (Adrien), travailla à Harlem de 1620 à 1650.

793. Pierre Bor, historien, d'après F. Hals (L. 6); petit in-fol. Deux exemplaires.

MATHAM (Dirck ou Théodore), né à Harlem en 1589.

794. Cinq portraits. — 1. Brune (Joh.), in-8. — 2. Velius (Th.), in-4. — 3. Pers, in-8, belle épreuve. — 5. Pfeiffer (Casp.), in-4; très-belle épreuve. — 5. Leusden (Joh.), in-4.

795. Quatre portraits in-fol., d'après Sandrart. — 1. Barlæus (Gaspard), médecin (L. 23). — 2. Vondel (Jost Van den), poête (L. 61). — 3. Vossius (Gerhardus), chanoine (L. 62). — 4. Le même portrait, avant l'inscription *Canonicus Cantuariensis*.

796. Deux portraits in-fol. — 1. Gragwinkelius (Theod.), d'après Mierevelt (L. 30). — 2. Le même portrait, sans le cadre et les attributs (épreuve d'artiste); *légère tache*.

797. Trois portraits in-fol. — 1. Kœrten (J.), avec vers allemands, d'après C. Van Savoyen (L. 37). — 2. Nassau (Jean-Maurice, comte de). — 3. Pauw (Reiner), président du conseil de Hollande, d'après Raversteyn (L. 46 réduit).

798. Quatre portraits in-fol. et in-4. — 1. Barlæus (Gaspard), d'après Sandrart (L. 23). — 2. Vondel (Joost Van den), poête (L. 61). — 3. Vossius (Gerhardus), L. 62. — 4. Ridder (Alb.-Joach.), d'après Mierevelt; épreuve avant les vers dans la marge.

799. Six portraits in-fol. et in-4. — 1. Plempius (Dr Vopiscus-Fortunatus), d'après J. Backer (L. 47). — 2. Ridder (Alb.-Joach.), d'après Mierevelt; épreuve avant les vers dans la marge. — 3. Wassenaer (Jacob, baron de), d'après Honnemam. — 4. Wuyters (Jean-Banning). — 5. Le même portrait avant les vers dans la marge. — 6. Jeune fille jouant du violon (L. 69).

MELAR (Adrien), travailla à Anvers au milieu du XVIIe siècle.

800. Moura (François de), marquis de Castelrodrigo; in-fol.

MERLEN (Théod.-Jean Van), graveur du XVIe siècle.

801. Deux portraits sur la même feuille. — 1. Charles de Neuville, seigneur d'Halincourt. — 2. Achille de Harlay, évêque de St-Malo.

Meulemeester (Joseph de), né à Bruges en 1775.

802. Rubens, d'après lui-même, in-4.

Meyssens, né à Bruxelles en 1612.

803. Dix portraits d'artistes, in-4. — 1. Son portrait, gravé par
C. Meyssens (L. 10). — 2. Bie (Cornelius de), L. 9. —
3. Gerbier (Balthasar), L.13. — 4. Padoanino (F.), L.17.
— 5. Rhenus (Guido), L. 18. — 6. Rubens (P.-P), L.19.
— 7. Ry (P. Danckerse de), L. 21. — 8. Sievery (Roe-
lant), L. 22. — 9. Snyders (François), L. 22. —
10. Vrancquart (J.), L. 27.

804. Neuf portraits. — 1. Anne d'Autriche, in-4. — 2. Éléo-
nore de Mérode, in-4. — 3. François de Melle, in-4. —
4. Six portraits divers.

Meyssens (C.), né à Anvers en 1646.

805. Vingt portraits divers, petit in-4. — 1. Esdrin (Nicolas).
— 2. Esdun (Pierre). — 3. Flavio, cardinal. — 4. Galen
(Bernhardt). — 5. Gamarra (Et.). — 6. Charles-Ferdinand-
Mar. de Gonzague. — 7. Levi (Nathan). — 8. Marie de
Médicis. — 9. Marie de Bourgogne. — 10. Marselare.
— 11-12. Maximilien Ier; deux différents. — 13. Mirssa-
libeecqhazen, roi de Thunes. — 14-15. Moura (Franç. de),
deux différents. — 16. Ottoman (frère Dominique). —
17. Pimentel (Ant.). — 18. Radziwil. — 19. Sabeltra
Sebi. — 20. Van Zeele.

Mouzyn (Michel), né à Amsterdam vers 1630.

806. Cats (Jacob), dans un médaillon frontispice de ses œuvres,
d'après Van der Venne (L. 17). On a ajouté une vignette
d'après V. Sichem, pour les mêmes.

Muller (Jan), né à Amsterdam vers 1570.

807. Deux portraits in-fol. — 1. Albert, archiduc d'Autriche,
d'après Rubens (L. 69). — 2. Isabelle-Claire-Eugénie,
infante d'Espagne, archiduchesse d'Autriche, d'après le
même (L. 70).

808. Cinq portraits in-fol. — 1. Neyor (Johan.), envoyé de l'archiduc Charles, d'après Mierevelt (L. 81). — 2. Reidanus
(Evrard), in-4 (L. 83). — 3. Spranger (Bartholomœus),
peintre (L. 87), 1er état. — 4. Le même portrait, épreuve
du 2e état. — 5. Le même portrait, le buste seul *(état
inconnu à Bartsch et à Le Blanc)*; épreuve d'artiste.

MUNNIKHUYSEN (Job. Van), né dans la Frise vers 1636.

809. Deux portraits in-fol. — 1. Gravius (Daniel), pasteur de Middlebourg, d'après Blyhoof (L. 9). — 2. Momma (Guil.), théologien de Middlebourg, d'après le même.

810. Deux portraits in-fol. — 1. Nassau (Henri Casimir, prince de), d'après Van der Plaets.— 2 Spiegel (Henri-Théod.), bourguemestre, d'après Van Limborgh (L. 16); belle épreuve.

811. Trois portraits. — 1. Staveren (P. Van), pasteur de Leyde, d'après Van Mieris (L. 17), in-fol. — 2. Wayen (Van der), pasteur de Middlebourg, d'après Blyhoof (L. 20), in-fol. — 3. Brandt le Jeune (L. 5), in-4.

NATALIS (Michel), né à Liége en 1606.

812. Trois portraits in-fol. — 1. Allamont (Eugène-Albert), évêque de Gand, d'après Bertholet (L. 31). — 2. Cats (Jacob), poète hollandais, d'après Dubordieu (L. 39). — 3. Le même portrait, avec J. Lauwick excudit.

813. Deux portraits in-fol. — 1. Gonzà (Nicolas), abbé, d'après Douffé (L. 41). — 2. Natalis (Guillaume), abbé de Saint-Laurent, de Liége, d'après Damery (L. 47).

NEEFS (J.), né à Anvers en 1639.

814. Trois portraits in-4. — 1. Crayer (Gaspar de), L. 41. — 2. Ste. Catherine. — 3. Nemius (Gaspard), évêque d'Anvers (L. 51).

815. Trois portraits in-fol. — 1. Hertoge (Josse de), conseiller du conseil de Brabant, d'après A. Van Dyck (L. 48). — 2. Rychart (Martin), peintre, d'après le même (L. 53). — 3. Snyders (Frans), peintre, d'après le même.

OLTENS (F.), né en Hollande, travaillait en 1724.

816. Cinq portraits. — 1. Christianus Hugenius, in-4. — 2. Daniel Willink, in-4. — 3. Guillaume-Henri Friso, d'après Van Dyck, in-fol. — 4. Houdaan (Pierre), ecclésiastique, in-fol. — 5. Halma (François), d'après Boonen, in-fol.

PAS (Crispin de), né à Armuyde en 1536.

817. Donellus (Hugo), in-4 (L. 609).

818. Sigismond III, roi de Pologne, in-4.

819. Dirckssen (Abraham), in-4.

820. Christian, duc de Brunswick, in-12.

821. Deux portraits in-fol. — 1. Godefroy de Bouillon, roi de
Jérusalem. — 2. Otho Heurnius, d'après Negre.

822. Deux portraits. — 1. Roger de Bellegarde, grand écuyer
de France. — 2. Louis XIII, roi de France ; les deux sur
la même feuille.

823. Les deux pendants, pet. in-fol. — 1. Pluvinel (Antoine),
écuyer; gravé par Simon de Pas. — 2. Menou de Char-
nizay, écuyer.

PAS (Simon de), né à Utrecht en 1574.

824. Trois portraits in-4. — 1. Dithmarsus (Ch.-M.)— 2. Guillaume (Wolfgang), arch. d'Autriche. — 3. Ferdinand,
arch. d'Autriche.

PERSYN (Regnier), né vers le milieu du xvii⁰ siècle.

825. Trois portraits in-fol. — 1. Georges Goedhals, de Gand. —
2. Samuel Coster, médecin, d'après Sandrart. — 3. Sul-
bertus Purement, d'après Van Vliet.

PHILIPS (J.-C.).

826. Huit portraits. — 1. Lairesse (Gérard), in-4. — 2. Muller
(doctor Henrik), in-4. — 3. Orange (Fréd.-Henrik, prins
Van), in-4. — 4. Philips (Dirk), in-8. — 5. Petri (Ru-
dolphus), in-4. — 6. Vleertman (Willem), in-4. —
7. Willemsz (Jan), in-8. — 8. Wulverhorst (Henri
Van), in-4.

PILSEN (François), né à Gand en 1676.

827. Quatre portraits. — 1. Castillon (J.-B. Lud. de), abbé,
in-4. — 2. Lemery (N.), médecin, in-4. — 3. Vander
Stricht, cardinal, in-4. — 4. Wynants (Goswinus
Comes de), petit in-fol.

828. Deux portraits in-fol. — 1. Schocknert (J.-D.-A.), chancelier de Brabant, d'après Sauvage. — 2. Wynants
(Goswin.-Comes de), conseiller des Pays Bas.

PONTIUS (Paul) ou DU PONT, né à Anvers vers 1596.

829. Cinq portraits, personnages célèbres. — 1. Beck (Jean,
baron de), in-4. — 2. Bruyant (Nicolas), in-4. —
3. Coques (Gonzalo), in-4. — 4. Dyck (Antoine Van),
in-4. — 5. Diepenbeke (Abraham Van), in-4.

Portraits d'après Van Dyck :

830. Henry Van Baelen, peintre d'Anvers (H. R. 11).

831. Henry, comte de Van den Berghe, dans son armure (H. R. 31)

832. Don Charles Colonna, général espagnol; épreuve du 2ᵉ état; rare (H. R. 28).

833. Gaspard de Crayer, peintre (H. R. 16).

834. Gaspard Gevartius, jurisconsulte (H. R. 18), *taché.*

835. Constantin Hugens, seigneur de Suylecom.

836. François-Thomas de Savoye, prince de Carignan (H. R. 25).

837. Théodore Van Loon, peintre (H. R. 7).

838. Simon de Vos, peintre (H. R. 14).

D'après Rubens :

839. Gaspard-Gusman d'Olivares (H. R. 8); très-beau portrait.

840. Ferdinand, cardinal, infant d'Espagne (H. R. 7).

841. Scipion l'Africain; buste antique.

842. Ladislas-Sigismond, prince de Pologne et de Suède (H. R. 3).

843. Jean, baron de Beck, seigneur de Beaufort, d'après F. de Nys.

844. Jacob Boonen, archevêque de Malines, d'après G. de Crayer.

845. Muley-Hazen, roi de Thunes, d'après Van der Horst; *taché.*

Punt (Jean), né à Anvers en 1711.

846. Trois portraits. — 1. Jacques du Roure, peintre d'Anvers (H. R. 2), in-fol. — 2. J. Punt, in het caracter van Achilles, in-fol. — 3. Joanna Koerten Blok, in-8.

Queboren (Crispin Van den), né en Hollande vers 1603.

847. Deux portraits. — 1. Élisabeth, reine d'Angleterre, in-4. 2. Ledenberg (Gillis Ven), in-4.

847 b. Deux portraits in-fol. — 1. Guillaume, prince d'Orange. — 2. Maurice, prince d'Orange,

Rembrandt (Paul), né à Leyde en 1606.

848. Deux pièces. — 1. Son portrait, aux trois moustaches, les cheveux courts, et coiffé d'une calotte. — 2. Wtenbogardus (H. R. 16).

SADELER (Gilles), né à Anvers en 1570.

849. Trois portraits. — 1. Christoph. Guarinomus Fontanus, in-4 (H. 3.) *Taché d'eau, rare.*—2. Jucobus Chimarrhœus, in-4 (H. 6.) — 3. Le même, *avec légère déchirure.*

850. Cinq portraits. — Cuchelin Ollibing, in-4 (H. 14.) — 2. Synal Chaen, in-4. — 3. Torquatus Tassus, in-4 (H. 15.) *Rare.* — 4. 5. Octavio de Strada, in-4 (H. 16.) *Rare.*

851. Quatre portraits in-4. — 1. Christ. Harant Baro de Polziez. — 2. Marquadus Freherus. — 3. Vincentius Muschinger. — 4. Carolus Suetiœ Gotiæ ac Vandalie.

852. Tobias Schultetus, gr. in-4. Très-belle épreuve.

853. Pierre Breughel le vieux, peintre, d'après Spranger, (H. R. 17.) Deux exemplaires.

854. Martin de Vos, peintre, d'après Heintz (H. R. 18.) Deux exemplaires.

855. Sigismond Balhori, prince de Transylvanie (H. R. 19.) Le même portrait, contre-épreuve avant la lettre.

856. Charles de Longueval, comte de Buquoy (H. R. 21.) Deux exemplaires.

857. Anselme Boetius de Boodt, de Bruges, médecin de l'empereur Rodolphe.

858. Charles Diethrichstain, évêque d'Olmutz.

859. Sigismondus Forgach, conseiller de l'empereur d'Allemagne.

860. Franciscus de Padoanis, docteur en médecine.

861. Catharina Jenizin D. Godelmanni Coniunx.

862. Melchior Klesel, évêque de Vienne.

863. Balth. Maradas, comte de Frauwenberg.

864. Rodolphe II, empereur d'Allemagne.

865. Georgius Schrotl à Schrotenstein, conseiller de l'empereur Rodolphe II.

866. Lucie Van Uffel, d'après le Titien.

SADELER (Jean), né à Bruxelles en 1550.

867. Deux portraits. — 1. Sigismondus Feyrabendus, in-4. 2. Georges Houfnaglius, in-8.

868. Deux portraits, in-fol.—1. Clément VIII, portrait historié (H. R. 11.) — 2. Othon Henri, comte de Schwarzenberg (H. R. 10.)

SAVRY ou SAVERY (Salomon).

869. Deux portraits, in-fol. — Simon Episcopus, d'Amsterdam, d'après Walschaert (H. R. 2. —2. André Colvius, pasteur à Dordrecht, d'après Cuyp (H. R. 3.)

SCHENCK (P.), né à Elberfeld vers 1645.

870. Deux portraits, en manière noire. — 1. Godlof Frédérick Seligman, in-4. — 2. Gerardus Brandt, in-4.

SCHLEY (Van der), né à Amsterdam en 1715.

871. Dix portraits de grands hommes. — 1. Argens (J.-B. marquis d'), in-8. — 2. 3. Brantome, in-12. 2 exempl. — 4. Destouches, in-8. — 5. Formey, in-8. — 6. Gustave III, in-4. — 7. Vicomte de Turenne (H. de la Tour-d'Auvergne), in-8. — 8. Prevost (A. F.), in-4 — 9. Rollin, in-8. — 10. J.-H. Gesnerus. *Très-joli lot.*

SCHUPPEN (Pierre Van), né à Anvers en 1623.

872. Sept portraits. — 1. Noailles (A. J.), gr. in-4. — 2. J Hamon, in-8. — 3. J. Hindret, in-8. — 4 à 7. Quatre portraits des ducs de Brabant, in-4.

873. Alexandre VII, pape, d'après P. Mignard. Belle épreuve, *un peu piquée.*

874. Arnauld (la mère Angélique), dernière abbesse de Port-Royal, d'après Ph. de Champagne.

875. Burbot de Lardeinne (Siméon-Joseph), avocat aux conseils du roi, d'après F. Vout. Très-belle épreuve, elle a de la marge.

876. Barcos (Martinus de), Abbas sancti Cygiranni, d'après Ph. de Champagne. Belle épreuve.

877. Besons (Claude-Bazin, seigneur de), d'après Le Fébure (H. R. 14.)

878. Bignon (Jérome), avocat général au parlement de Paris.

879. Borri (François), fameux chimiste, d'après J. Ovens. Très-belle épreuve.

880. Braux (Pierre-Ignace de), baron de Champagne, conseiller du roi. Belle épreuve.

881. Le Camus (Nicolas) (H. R. 5.) Belle épreuve.

882. Caumartin (Louis-François Le Fèvre de), conseiller d'état, d'après De Troy.

883. Courtenay (Anne de), dame de Rosny et de Bontin (H. R. 7.)
Belle épreuve.

884. Un deuxième exemplaire du même portrait. *Condition médiocre.*

885. Despont (Philippe), docteur en théologie (H. R. 24.) Belle épreuve.

886. Espernou (Henri de Foix de la Valette, duc d'), colonel-général, d'après P. Mignard (H. R. 24.)

887. Fromentières (Louis de), évêque d'Aire. Très-belle épreuve; elle a de la marge. Provient de la vente Camberlyn.

888. James Francis Edward, prince de Galles, d'après N. de Largillière (H. R. 19.) Très-grandes marges.

889. Godet (Henry de), seigneur des Bordes, conseiller du roi. Très-belle épreuve.

890. Harlay (François de), archevêque de Paris. *Un peu piquée.*

891. Lesueur (Eustache), peintre, d'après lui-même.

892. Louis XIV, roi de France, d'après Mignard.

893. Louis, Dauphin, fils de Louis XIV, d'après De Troy. Très-belle épreuve.

894. Marca (Pierre de), archevêque de Paris, d'après Van Loo. Très-belle épreuve. *Légères taches d'eau.*

895. Menuge (Gilles), d'après de Piles (H. S. 4.) Belle épreuve, elle a de la marge.

896. Van der Meulen (François), peintre, d'après N. de Largillière (H. R. 18.) Elle a de la marge.

897. Mouchy (Pierre de), prêtre.

898. Natalis (le P. Alexandre), dominicain, d'après J. Van Schuppen.

899. Pithou (Pierre), jurisconsulte. (H. R. 9.) Belle épreuve.

900. Reynie (Messire-Gabriel-Nicolas de la), lieutenant-général de la police sous Louis XIV, d'après Mignard. Grandes marges, *a été lavée.*

901. Séguier (Pierre), Chancelier de France, d'après Ch. Le Brun (H. R. 22.)

902. Talon (Dionysius), avocat.

903. Tessier (Eustache), d'après A. Bouys. *Mauvaise condition.*

904. Thaumasserius (Gaspardus Thaumasius dominus de Gerissay). Belle épreuve. *Jaunie.*

905. Urfé (Honoré d'); chevalier de Malte.

SCHOOTEN (Fr.).

906. Descartes (René), in-4.   2 75

SCHURMAN (Anne-Marie), née à Utrecht en 1605.

907. Deux portraits. — 1. Son portrait gravé par elle-même.   5
Rare. — 2. Gilbertus Voetius, in-4.

SICHEM (Ch. Van), né en Hollande vers 1580.

908. Dix-neuf portraits, gr. in-4. — 1. J.-F. Lepetit. —   6 50
2. Haerleen (J. Mathy Van). — 3. Schoenmaecker
(Herman). — 4. Snyder (Diederick). — 5. Hendrick
Nicolaes, t'huys der liefden. — 6. Memno Simon. —
7. Adam pastor Van Dorphen. — 8. Melchior Rinck. —
9. Johannes hul in Merhern. — 10. Bernard Knipper-
dollinck. — 11. Johan Beuckels Von Leyden. — 12. Lu-
dowyck Hertzer. — 13. Tomas Muncer. — 14. Balthasar
Hubmor. — 15. Melchior Hofman Van Strasburg. —
16. Mephistopheles et Feust. — 17. Ch. Woignar. —
18. Mahomet. — 19. Arrius Bischop.

SOMPEL (Pierre), né à Anvers vers 1660.

909. Henri, comte de Nassau, d'après Soutman (H. R. 4.) Su-   5
perbe épreuve, la bordure n'est pas terminée, elle a de
la marge.

STEEN (Van den), né à Anvers en 1604.

910. Trois portraits. — 1. Cort (Cornélie), in-4. — 2. Corenhert   1
(Th.), in-4. — 3. Willaerts (Adam), in-4.

STOCK (André), né en Hollande vers 1616.

911. Quatre portraits, in-4. — 1. Albert Durer, d'après Th.   6
Vinidor de Bologne (H. R. 1.) — 2. Hans Holbein,
d'après lui-même (H. R. 2) — 3. Lucas de Leyde,
d'après lui-même (H. R. 3.) — 4. Pierre Snayers, peintre,
d'après Van Dyck (H. R. 4.)

STOLKER (Jean), né à Amsterdam en 1724.

912. Jacques de Mosscher, peintre, d'après J. Van Ravestein,   6
in-fol. Portrait en manière noire. Belle épreuve.

Suyderhoef (J.), né à Leyde en 1613.

913. Six beaux portraits. — 1. Schevelius, in-4. — 2. Joannes de Mey, in-4. — 3. Jacobus Crucius, in-4. — 4. Christophe, baron de Hastuing, in-4. — 5. Bartholdus, in-4. — 6. Johannes à Matenesse, in-4.

914. Deux portraits, in-fol. — Charles Ier, roi d'Angleterre, d'après Van Dyck (H. R. 5.) — 2. François de Montcade, comte d'Assone, d'après le même (H. R. 7.)

915. Van Bloemaerts, d'après Ver Spronck (H. R. 14.)

916. Deux portraits, in-fol. — 1. Andréas Rivetus, professeur de théologie, d'après Van Nègre (H. R. 18.)—2. Abraham Heydanus, pasteur à Leyde, d'après Schooten (H. R. 24.)

917. Fert von Leyde, d'après De Backere.

918. David Nuyts.

919. Gilbertus Voetuis, théologien, d'après Hœius.

920. Wickenburg, ecclésiastique, d'après F. Hals. *Taché.*

Swanebourg (W.), né à Leyde en 1581.

921. Trois beaux portraits. — 1. Bloemart (Abraham), in-4. — 2. Jonus Hautenus, in-4. — 3. Cornelii Musii Delphi, in-4.

922. Petrus Jeannius, eques, d'après Mierevelt (H. R. 3.) in-f.

Tanjé (Pierre), né à Amsterdam vers 1700.

923. Huit portraits, in-4. — 1. Laur. Heister et H. Ulhoem. — 2. Burg (Herm. Van den). — 3. Franciscus I. Roomsch Keiser. — 4. Klinkhamer. — 5. Muilman (Wiogroldus). — 6. Oeveren (Cornélis Van). — 7. Smits. — 8. Wind (Gerardus de), in-fol.

924. Sept portraits divers, in-fol.

925. Onze pièces contenant trente-et-un portraits d'artistes en médaillon, pour l'Histoire des Peintres de Van Gools.

926. Onze portraits, princes d'Orange, in-fol. — 1. Frédéric-Henri. — 2. Guillaume Ier. — 3. Guillaume II. — 4. Guillaume III, d'après Sanders. — 5. Guillaume V et Caroline, d'après le même. — 6. Maurice. — 7. Le même portrait avant la lettre. — 8. Marie-Louise,

d'après Sanders. — 9. Guillaume-Charles-Henri Frison,
d'après le même. — 10. Le même personnage, in-4. —
11. Jean-Guillaume Frison, d'après le même. Très-belle
épreuve.

927. Deux beaux portraits, in-fol. — 1. Pieter Tanjé, d'après
Quinkard (H. R. 1.) — 2. Jean-Marie Quinkard, montrant sur le chevalet le portrait de P. Tangé (H. R. 2.)

928. Trois portraits de souverains, in-fol. — 1. Charles VII,
empereur d'Allemagne, d'après G. de Marres (H. R. 15)
— 2. François Iᵉʳ, empereur d'Allemagne, d'après
Meytens. — 3. Frédéric III, roi de Prusse, d'après A.
Pesne.

929. Quatre portraits de théologiens et ecclésiastiques, in-fol.
— 1. Beukelman (Joan), d'après Brassier (H. R. 8.) —
— 2. Boon (Jacob), d'après Quinkhard. — 3. Broek
(Guillaume Van den), d'après Reyters. — 4. Eggers
(Joan), d'après C. de Moor. Epreuves avant toutes lettres.

930. Quatre portraits, professeurs et théologiens, in-fol. —
1. Irhovius (Guillaume), d'après Quinkhard. — 2. Longas
(Josephus de), d'après le même. — 3. Mark (Joan. à),
d'après Court. — 4. Marle (Joan. Van), d'après Curland
(H. R. 9.)

931. Sept portraits, professeurs, théologiens, etc., in-fol. —
1. Moor (Bernard de), d'après C. de Moor. — 2. Noord-
beek (Pierre), d'après Quinkhard — 3. Plantin (Jean),
d'après le même. — 4. Plevier (Joh.) de Ziericzée, d'après
Van Dyck. — 5. Serrurier (Daniel), d'après le même. —
6. Voget (Albert), d'après Quinkhard. — 7. Wind
(Gérard de), d'après Brassier.

932. Trois portraits, in-fol. — 1. Haren (Wilhelm Van), régent
de Frise, d'après Akkema (H. R. 12.), avec huit vers en
latin. — 2. Le même portrait avec douze vers en français.
— 3. Callenburg (Gérard), lieutenant-amiral de Hollande,
d'après Vollevens.

933. Trois beaux portraits, in-fol. — 1. Fagel, vu à mi-corps,
d'après Xavery. — 2. Thomas-Philippe de Bossu, car-
dinal-archevêque de Malines, d'après Snyers (H. R. 10.)
— 3. Smits, poète hollandais, d'après Nymegen.

934. Deux portraits in-4. — 1. Klinkhamer, d'après Regters. —
2. Oeveren (Cornelius Van), d'après Bakhuysen.

935. Imhoff (Gustave-Guillaume, baron de), gouverneur général
des Indes, d'après A. Van Dyck; très-belle épreuve.

TROYEN (J. Van), né dans les Pays-Bas vers 1610.

936. Un portrait anonyme, in-4.

VAILLANT (Wallerand), né à Lille en 1623.

937. Petrus Van der Hagen, ecclésiastique d'Amsterdam; en manière noire.

938. Melchiori Lydel; en manière noire.

939. Anonyme, vu jusqu'aux genoux; il est debout devant une table et tient une plume dans la main droite. Epreuve avant toutes lettres.

VAILLANT (André), né à Lille en 1629.

940. Quatre portraits in-fol. — 1. Esaias Clément, ecclésiastique à Rotterdam, d'après B. Vaillant. — 2. Burman (François), théologien, d'après Specht. — 3. Oldenbarnevelt (Joh. Van). — 4. Aloïsius Bevilaqua, patriarche d'Alexandrie, d'après B. Vaillant (H. R. 1).

VALDOR (J.), né à Liége vers 1590.

941. Bellarmin, cardinal; in-4.

VALK (Gérard), né à Amsterdam vers 1626.

942. James Juell, à mi-corps, dans un ovale, d'après B. Vaillant; in-fol.

943. Cinq portraits. — 1. De Bruyn (Cornelius), peintre, d'après Kneller (H. R. 3). — 2. Grœvius (Jean-Georg.), d'après Hoet. — 3-4. Leydecker (Melchior), H. R. 6; 2 exempl. — 5. Noodt (Gerardus), jurisconsulte, d'après Tangena.

944. Trois portraits en manière noire, in-fol. — 1. Frédéric, marquis de Brandebourg. — 2. Louis, marquis de Brandebourg. — 3. Guillaume, roi d'Angleterre.

945. Sept portraits pour l'histoire d'Angleterre.

946. Quatre pièces en manière noire. — 1. Le printemps. — 2. L'hiver. — 3. Mademoiselle, jeune dame en pied. — 4. Dame de qualité en écharpe. *Estampes curieuses pour les costumes.*

VELDE (Jean Van de), né à Leyde en 1598.

947. Deux portraits in-4. — 1. Rum. Hogerberts Hormanus. — 2. Egidius a Ledenberg.

948. Deux portraits in-fol. — 1. Pauludus (Bern.), médecin à
    Rotterdam, d'après H. Pot. — 2. Pontanus (Jos.-I.),
    historien, d'après Isaac Isaxs (H. R. 9). *Rare.*

949. Deux portraits in-fol. — 1. Scriverius (Petrus), d'après
    Hals. — 2. Zassius (Jacob), archidiacre à Harlem, d'après
    le même (H. R. 7).

VERKOLJE (Nicolas), né à Delft en 1675.

950. Deux portraits gravés en manière noire. — 1. Moëlards,
    peintre et amateur d'estampes, d'après Houbraken (H. R.
    3). — 2. Zomer (J.-P.), amateur d'estampes, d'après
    Boonen (H. R. 4).

VERMEULEN (Corneille), né à Anvers en 1644.

951. Quatre portraits. — 1. Godefroy Hermant, in-4. —
    2. Balth. Phelypeaux, in-4. — 3. Annibal Carrache,
    gr. in-4. — 4. Olivier Cromwell, in-4.

952. Onze portraits, d'après Van der Werft, pour l'histoire
    d'Angleterre.

953. Aguilles (J.-B. Boyer d'), d'après Rigaud (H. R. 5); très-
    grandes marges.

954. Bertin (Pierre-Vincent), trésorier-général, d'après N. de
    Largillière (H. R. 10).

955. Borcht (Nicolas Van der), en pied, d'après Ant. Van Dyck
    (H. R. 22); grandes marges.

956. Brunens (Jean), d'après Rigaud; belle épreuve.

957. Trois portraits in-fol. — 1. Brunet (François), président au
    grand Conseil, d'après de Troy (H. R. 18). *Mauvaise
    condition.* — 2. Carrache (Annibal, peintre, ex-musœo
    de Bourdaloue. — 3. Caumartin (Louis-Urbain Lefèvre de)
    maître des requêtes, d'après F. de Troy (H. R. 17).

958. Deux portraits. — 1. Haeften (Bened.), abbé d'Affighem,
    in-fol. — 2. Louis XIV en pied terrassant l'hérésie, d'a-
    près le marbre de L. Lecomte, très-gr. in-fol.

959. Magalotti (Bardo-Bardi), gentilhomme florentin, d'après
    N. de Largillière (H. R. 11).

960. Maximilien-Emmanuel, électeur de Bavière, d'après Vivien
    (H. R. 14).

961. Montmorency (Louis de), duc de Luxembourg, maréchal
    de France, d'après Rigaud (H. R. 9).

962. Noailles (Louis-Antoine de), archevêque de Paris, d'après
N. de Largillière.

963. Philippe V, roi d'Espagne, d'après Vivien (H. R. 13).

964. Quintinye (Jean de la), ordonnateur des jardins de
Louis XIV, d'après Richard (H. R. 23), in-fol.

965. Roettiers (Joseph), graveur général des monnaies de France,
d'après N. de Largillière (H. R. 12), gr. in-fol.

VINKELES (Renier), né à Amsterdam en 1744.

966. Dix portraits. — 1. Brand (J. Coenraad), in-4. — 2.
Branscamp, in-4. — 3. Capellen (Alex. Vender), in-8.
— 4. Paoli (Pascal), in-8. — 5. Pie VI, in-4., belle
épreuve, marge. — 6. Pot (Willem Vander), in-4. —
7. Rulofs (B.), in-8. — 8. Winter (Lucrezia Van), in-4.
— 9. Vyfde (Willem de), Prince d'Orange, in-8. — 10.
Utrecht (Maria Van), in-4.

967. Dix portraits. — 1. 2. Amstel (Cornelis Ploos Van), in-8,
2 exemp. — 3. Elzevier (Jean-Jacob), in-8. — 5. Gilde-
meester, in-8. — 5. Herwerden (Henricus Von), in-8.
— 6. Johan Graaf Van Nassau, in-8. — 7. Kruïft, in-8.
— 8. Nomsz (Johan.), in-8. — 9. Post (Elisabeth-Maria),
in-8. — 10. Willem prins Van Orange, in-8.

968. Vingt-six portraits personnages célèbres (marins, peintres, etc.)

969. Deux pièces in-fol. — 1. Camper (Pierre). — 2. Agar chassée
par Abraham.

VISSCHER (Corneille), né à Harlem en 1640.

970. Deux portraits. — 1. Albertine Agnès de Nassau, d'après
Hondthorst, épreuve lavée et raccommodée. — 2. Hugens
(Constantin), seigneur de Zuylichem (H. R. 24), épreuve
avant le cadre. *Rare.*

971. Coppenol, appelé communément *l'écrivain*, (H. R. 18),
belle et rare épreuve.

972. Deux portraits in-fol. — 1. Douse (Janus), seigneur de
Noortwick, d'après Soutman (H. R. 32). — 2. Hende-
rickus du Boys, d'après Van Dyck.

VISSCHER (Jean de), né à Amsterdam en 1636.

973. Louise de Coligny, princesse d'Orange, in-4.

274. Catzius (Cornelius) très-gr. in-fol. un peu jaunie.

275. Hulst (Abraham Van Der), vice-amiral hollandais (H. R. 4).

276. Prœlius (Pierre), ministre de l'Evangile, à Amsterdam, d'après J. Van Noort (H. R. 2.)

277. Portrait d'un nègre tenant un arc d'une main et une flèche de l'autre, d'après le dessin de C. de Visscher, (H. R. 8).

VISSCHER (Lambert), né à Amsterdam en 1634.

978. Deux portraits. — 1. Camilus Pamphilus, d'après B. G. Genoven, in-fol. *Rare.* — 2. Frobenius, in-4.

VISSCHER (Nicolas), né à Anvers vers 1580.

979. Bloemaert (Abraham), peintre, in-fol.

VOET (Alexandre), né à Anvers en 1613.

980. Deux portraits. — 1. Eugène-Albert d'Allamont, évêque de Gand, in-fol. — 2. Joannes Van Kessel, peintre, in-4.

VORSTERMAN (Lucas), dit le Vieux, né à Anvers vers 1580.

981. Quatre portraits. — 1. Charles de Mallerie, d'après Van Dyck, H. 2. — 2. Cosme de Médicis, pet. in-8, H. 3. — 3. Laurent de Médicis, pet. in-4., H. 4. — 4. Le Le pape Léon X, pet. in-4., H. 5.

982. Six pièces. — 1. Juste Lipse, in-4. — 2. Charles Quint, pet. in-fol. H. 12. — 3. J. Holbein, in-4. — 4, 5. F. Coster, in-8, 2 exemp. — 6. Reine en prières, couronnée par des anges, in-4.

983. Quatre portraits gravés d'après Van Dyck. — 1. Callot (Jacques), graveur (H. R. 4), piqûre de vers. — 2. Coeberger (Wenceslas), peintre (H. R. 6). — 3. Cornelissen (Antoine), amateur d'Anvers. — 4. Delmont (Deodat), peintre (H. R. 7).

984. Trois portraits gravés d'après le même. — 1. Dyck (Ant. Van), peintre (H. R. 1). — 2. Eynden (Hubert Vanden), statuaire (H. R. 10). — 3. Galle (Théodore), graveur (H. R. 51), 2e état.

985. Quatre portraits d'après le même. — 1. Howard (Thomas, comte d'Arundel), H. R. 22. — 2. Jode (Pierre), graveur (H. R. 21); belle épreuve. — 3. Un second

exemplaire du même portrait. — 4. Le même portrait,
avec les lettres G. H.

986. Trois portraits d'après le même. — 1. Mallery (Claude de),
graveur au burin (H. R. 3); épreuve avec l'adresse de
Van den Enden, et sans la qualité. — 2. Le même
portrait, sans l'adresse, mais avec la qualité. — 3. Le
même personnage, la tête seulement, non achevé.

987. Deux portraits d'après le même. — 1. Milder (Jean Van),
sculpteur (H. R. 6); épreuve avec l'adresse de Van den
Enden, et sans la qualité. — 2. Moucade (François de),
comte d'Ossone (H. R. 19).

988. Deux portraits d'après le même. — 1. Rockox (Nicolas),
ancien conseiller de la ville d'Anvers, représenté assis
(H. R. 13); épreuve du premier état, avant la lettre dans
la marge du bas, les noms de Platon et de Sénèque sur
la tranche des deux volumes et les médailles sur la table;
très-rare. — 2. Le même portrait, avec la lettre.

989. Quatre portraits d'après le même. — 1. Sachtleven (Corneille), peintre (H. R. 12). — 2. Schut (Corneille);
très-belle épreuve avant le nom du graveur et la qualité.
— 3. Jean, comte de Nassau (deux exemplaires).

990. Charles de Longueval, comte de Buquoy, d'après Rubens
(H. R. 15); très-belle épreuve avant l'Œil de la Providence. Grandes marges.

991. Trois portraits in-fol. — 1. Hugens (Constantin), seigneur
de Zuylichem, d'après Livens (H. R. 9). — 2. Léopold-
Guillaume, archiduc d'Autriche, d'après Van den Hoecke.
— 3. Piccolomini (Octave de Aragona), d'après Segers.

VORSTERMAN le Jeune, né à Anvers vers 1600.

992. Cinq portraits. — 1. Peeters (J.), peintre; in-4. — 2. Bie
(Adrien de), peintre; in-4. — 3. Le Titien, in-4. —
4.-5. Deux portraits, d'après Tintoret.

993. Deux portraits. — 1. Maugis (Claude), abbé de St.-
Ambroise, d'après Ph. de Champagne, in-4 — 2. San-
derus (Ant.), évêque de Gand, in-fol.

994. Vorsterman le Vieux, d'après Van Dyck (deux exemplaires).

WAUMANS (Conrad), né à Anvers vers 1630.

995. Seize portraits d'artistes, in-4. — 1. Bully (David).
— 2. Berckmans (Henry). — 3. Both (Jean). —
4. Deynum (J.-B. Van). — 5. Heeke (J. Van den). —

6. Janssens (Cornelius). — 7. Mont (Deodate del). —
8. Nieulant (Ad. Van). — 9. Poullenbourgh (Corn.). —
10. Sadeler (Jean). — 11. Sadeler (Raphael). —
12. Saftleven (Herman). — 13. Utrecht (Adrien Van).
— 14. Willeborts (Th.). — 15. Lucas Franchois. —
16. Pierre Franchois.

996. Dix portraits, personnages célèbres, souverains, princes,
etc. — 1. Louis XIV et Marie-Thérèse. — 2. Charles-
Quint, in-4. — 3. Jean dit le Triomphant, in-4. —
4. Olivier Cromwel, in-4. — 5. André Cantelmi, in-4.
— 6. Édouard Farnèse, duc de Parme, in-4. — 6. Jean-
Casimir, roi de Pologne, in-4. — 8. Edwige-Éléonore,
reine de Suède, in-4. — 9. Marguerite de Médicis, in-4.
— 10. Christophe de Moura, évêque.

997. Cinq portraits, papes, évêques. — 1. Clément VIII, in-4.
— 2. Sixte-Quint, in-4. — 3. Ferdinand Bavarus,
arch. de Cologne, in-4. — 4. Ludovico Gilles, in-4. —
5. J. Wachtendonck, évêque de Namur, in-4.

998. Quatre portraits in-fol., d'après Van Dyck. — 1. Marie-
Clara de Croy, duchesse d'Havré (H. R. 11). — 2. Fréderic-Henri, prince d'Orange et de Nassau (H. R. 10).
— 3. Amélie de Solms, princesse d'Orange (H. R. 9).
— 4. Don Antoine de Zuniga et Davila, marquis de
Mirabelle (H. R. 8).

999. Warnbüler (Jean-Conrad), prince de Wurtemberg, d'après
Van Hulle.

WESTERHOUDT (Arnold Van), né à Anvers en 1666.

1000. Sept portraits in-4. — 1. Combalas (Angele), de Toulouse.
— 2. Paulutitius, cardinal. — 3. Sacchetus, cardinal.
— 4. Sperelles, cardinal. — 5. Berninus (Laurentius).
— 6. Sacchetius, cardinal. — 7. Jean Van Buyten,
médecin.

WIERIX (Jean), né à Amsterdam en 1550.

1001. Albert, archiduc d'Autriche (Alvin 1835); deux exempl.
1002. André d'Autriche (Alvin 1842); *légère déchirure.*
1003. Le même portrait; très-belle épreuve.
1004. Isabelle-Claire-Eugénie (Alvin 1952); deux exemplaires.
1005. Nonius (D. Alvarus), Alvin 1991.
1006. Sasbout (Adam) Alvin 2025. Sur la même feuille, la
Vierge avec l'Enfant Jésus.

WIERIX (Jérôme), né à Amsterdam en 1551.

1007. St. Bruno (Alvin 860).

1008. Claude Aquaviva (Alvin 1857); belle épreuve.

1009. St. Charles Borromée (Alvin 1869).

1010. Henri III, roi de France, vu en buste et de trois quarts, dans une bordure ovale (Alvin 1919). A la vente Camberlyn ont été vendus, l'un 63 fr., l'autre 20 fr.

1011. Quentin Metsys, peintre (Alvin 1984).

1012. Jean Hollander, peintre Alvin 1929).

1013. Philippe de Neri (Alvin 2002).

1014. Treslong, dit Guillaume de Blois (Alvin 2045).

1015. Philippe Nutius, imprimeur (Alvin 2055).

WIERIX (Ant.), né à Amsterdam en 1552.

1016. Albert, archiduc d'Autriche, représenté dans un ovale avec quatre figures symboliques (Alvin 1838); vendu 36 fr. à la vente Camberlyn.

1017. Anne de Jesus (la vénérable mère), Alvin 1844.

1018. Robert, cardinal Bellarmin (Alvin 1862); très-belle épreuve avec marge.

1019. Berckmans (Jean), Alvin 1864.

1020. Guillaume, comte palatin du Rhin (Alvin 1915); vendu 20 fr. à la vente Camberlyn.

1021. Isabelle-Claire-Eugénie d'Autriche (Alvin 1954), 1er état; vendu 36 fr. à la vente Camberlyn.

1022. Ribadeneyra (Pierre), non décrit par Alvin.

WYNGAERDE (F. Van den), né à Anvers vers 1612.

1023. Trois portraits in-4. — 1. Cardo Gasparo, arch. — 2. Manuel de Moura. — 3. Jean, roi de Portugal.

ZYLVELT (Adam Van), né à Amsterdam en 1645.

1024. Deux portraits. — Dirk Volkhertsz Koornhert, in-4. — 2. Corneliszoon Hooft, d'après Sandrart, in-fol.

1024 ZYLVELT (Antoine), né à Amsterdam vers 1645.

1025. Trois portraits in-fol. — 1. Pierre Corneliszoon Hooft, d'après Sandrart. — 2. Louis de Dieu, ministre de Leyde, d'après du Bourdieu ; belle épreuve.— 3. Christophe Witichius, professeur de Leyde, d'après Verschuringh (H. R. 3).

1026. M. Ruten, femme de Van Dyck, in-fol. Sans nom de graveur.

1027. Lot de neuf portraits in-4 de divers graveurs.

ÉCOLE FRANÇAISE.

ANTOINE (Sébastien), né à Nancy en 1687.

1029. Raviot (Guillaume), avocat, in-fol.

AUBERT (A.), sourd-muet.

1030. Baroche d'Urbin, peintre, in-4.

AUBERT (Michel), né à Paris vers 1700.

1031. Vingt-deux pièces. — 1. Portrait de Rivard (L. 59). — 2. Van Asch. — 3-9. Sept portraits de la collection d'Odieuvre. — 10-19. Dix de l'Histoire des Peintres de D'Argenville. — 20-22. Trois cartouches.

AUBRY (Pierre), né à Oppenheim en 1596.

1032. Sept portraits in-8 et in-4. — 1. J. Reinhart, comte de Hanau. — 2. Enquefort (baron de), L. 71. — 3. Blaise de Montluc. — 4. Raigersperger. — 5. Stenglinus. — 6. Feurborne. — 7. Frédéric Marchio.

AUDRAN (Benoît 1er), né à Lyon en 1661.

1033. Deux portraits. — 1. Son portrait (L. 24), in-8. — 2. Paris (Jérôme-Nicolas de), in-4.

1034. Beringhem (Henri de), premier écuyer du roi, d'après R. Nanteuil (L. 242), in-fol. 2e état; elle a de la marge.

1035. Bignon (Jean-Paul), abbé de St-Quentin, d'après Vivie (L. 244), in-fol. 1er état.

1036. Frisching (Samuel), général bernois, d'après Huber (L. 250), in-fol.; avant le mot Parisis, après la date.

1037. Le même portrait, avec le mot Parisis.

1038. Le Goux de la Berchère (Charles), d'après B. Boullongne l'aîné (L. 253); belle épreuve.

AUDRAN (Benoît 2e), né à Paris en 1700.

1039. Feu (François), curé de St-Gervais, d'après Feuillet (L. 28), in-fol.

1040. Jubé (Jacques), curé d'Asnières, d'après Brant (L. 30), in-4.

1041. Thomas de la Valette (Louis de), (L. 34), in-fol.

1042. Visscher (Corneille de), dessinateur et graveur (L. 36), in-fol.

1043. Mezetin, assis sur un banc et jouant de la guitare, d'après A. Watteau (L. 58), in-fol.; belle épreuve, elle a de la marge.

AUDRAN (Germain), né à Lyon en 1631.

1044. Argolus (André), in-4.

AUDRAN (Jean), né à Lyon le 26 avril 1667.

1045. Deux portraits. — 1. J.-F. Karg, in-8. — 2. Cherier (Claude), in-4.

1046. Jacques II, roi d'Angleterre, d'après Adr. Van der Werf (L. 348), in-fol.

1047. Baillet (Adrien), prêtre (L. 351), in-fol.

1048. Coypel (Noel), peintre du roi, d'après lui-même (L. 355), in-fol.; belle épreuve.

1049. Coysevox (Antoine), sculpteur, d'après Rigaud (L. 356), in-fol.; belle épreuve, elle a de la marge.

1050. Pardaillan de Gondrin (Louis-Antoine, duc de), d'après Rigaud (L. 369), in-fol.

1051. Secousse (François-Robert), d'après Rigaud (L. 372), in-fol.; belle épreuve, elle a de la marge.

AUVRAY (P.-L.), né à Paris en 1736.

1052. Quatre portraits. — 1. Laruette, d'après Monet, in-4, avec la lettre (L. 7). — 2. Le même portrait, avant la lettre. — 3. Un portrait, d'après Juncker, in-fol. — 4. J.-R. de Werdmuller, in-8.

AVELINE (F.-A.), né à Paris en 1718

1053. Deux portraits in-8. — 1. Clotaire II. — 2. Raoul.

AVELINE (Pierre), né à Paris en 1710.

1054. Duverney (Joseph-Paul), in-8; épreuve en rouge.

AVRIL (J.-J.) le fils, né à Paris en 1774.

1055. Deux portraits in-fol. — 1. Avril père, d'après Mᵐᵉ Auzou
(L. 24). — 2. Ducis, d'après Mᵐᵉ Guiard (L. 29).

BALÉCHOU (Jean-Joseph), né à Arles en 1715.

1056. Dix portraits in-4 et in-8. — 1. Crébillon (P.-J.), (L. 50)
— 2. Colbert (L. 47). — 3. Crillon (L. 51). — 4. Louis,
dauphin de France (L. 54), 2ᵉ état. — 5. Mézeray (L. 61)
2ᵉ état. — 6. Petit (Jean-Louis), (L. 65), 2ᵉ état. —
7. Marie de Rohan (L. 70), 2ᵉ état. — 8. Soanen (Jean)
(L. 73). — 9. Warin (L. 74), 2ᵉ état. — 10. Voltaire
(L. 75).

1057. Son portrait gravé par Cathelin, d'après J. Arnavon (H. 6)
in-fol.

1058. Sainte Geneviève, patronne de Paris, d'après C. Van Loo
(L. 4), in-fol. 5ᵉ état. *Légère déchirure dans la marge,
taché.*

1059. Aved (femme du peintre) filant au rouet, d'après Aved
(L. 43), in-fol.; belle épreuve.

1060. Brühl (Henri, comte de), d'après L. de Silvestre (L. 45)
in-fol.; belle épreuve, *déchirée et tachée d'eau.*

1061. Crébillon (Prosper-Jolyot de), d'après Aved (L. 49), in-fol.
belle épreuve, grandes marges.

1062. Philippe, infant d'Espagne, d'après Violi (L. 52), in-fol.
belle épreuve, elle a de la marge.

1063. Julienne (Jean de), amateur des beaux-arts, d'après F. de
Troy (L. 57), in-fol.; belle épreuve, très-grandes marges.

1064. Porée (Charles, le P.), jésuite (L. 67), in-fol. 2ᵉ état.
1065. Robien (Christophe-Paul de), d'après Huguet (R. D. 69),
in-fol.

1066. Rollin (Charles), recteur de l'Université de Paris, d'après
Coypel (L. 71), 3ᵉ état, grandes marges.

BARBIÉ (J.), travailla à Paris de 1735 à 1779.

1067. Cinq portraits in-8. — 1. Quesnel (L. 7). — 2. Charles III,
roi d'Espagne. — 3. Chevert. — 4. Turenne. —
5. Général Wolff.

BARON (Claude), né à Paris en 1738.

1068. Deux portraits in-4. — 1. Buffon (L. 84); épreuve avant
la lettre. — 2. Tristant (Victor).

BARON (Jean), né à Toulouse en 1631.

1069. Deux portraits in-8 et in-4. — 1. Cardinal Aquaviva (L. 27). — 2. Giorgione, peintre.

BASAN (P.-L.), né à Paris en 1723.

1070. Quinze pièces. — Son portrait gravé par Marais, d'après Ch.-N. Cochin. — Quatorze portraits de la collection d'Odieuvre.

BAZIN (N.), né à Troyes en 1656.

1071. Helyot, conseiller (L. 172, gr. in-4.

1072. Deux portraits in-fol. — 1. Saint Jean-de-Dieu, fondateur de l'ordre de la Charité (L. 93). — 2. Larcher (Nicolas, abbé de Cîteaux, d'après J.-B. de Cany (L. 178); *piqué.*

BEAUVARLET (Jacques-François), né à Abbeville en 1751.

1073. Quatre portraits in-8 et in-4. — 1. Bourgogne (Louis-Joseph, duc de), L. 97. — 2. Brunswick (prince de), L. 99. — 3. Galitzin (Catherine, princesse de), L. 108. — 4. Sage (B.-G.), L. 117.

1074. Bouchardon (Edme), sculpteur, d'après Drouais (L. 95), in-fol.; *légérement taché d'eau.*

1075. Bourgogne (Louis-Joseph-Xavier, duc de), d'après Fresdon (L. 97); *très-joli petit portrait.*

1076. Desmaretz (Ph.-Onuphre), théologien et confesseur du roi, d'après Jouffroy (L. 103), in-fol.

1077. Ducluzel (François-Pierre, marquis de Montpipeau), en habit de chasse (L. 105), in-fol. 1er état.

1078. Le comte d'Artois et Mademoiselle Clotilde assise sur une chèvre, d'après Drouais (L. 107); belle épreuve, *mais sur laquelle quelques traits à la plume ont été faits sur les décorations du comte.*

1079. Perussault (le R. P. Sylvain), jésuite, d'après Dachon (L. 112); *taché.*

1080. Molière (J.-B. Poquelin de), d'après S. Bourdon (L. 115), 3e état, grande marge.

BEAUMONT (P.-F.), né en 1719.

1081. Laneau (Dom René), religieux, d'après Restout; in-fol.

BEISSON (F.-J.-E.), né à Aix vers 1760.

1082. Quatre portraits in-8. — Trois portraits différents de Voltaire. — Jeanne d'Arc.

1083. Jacquier (Ant.), d'après Rabillon (L. 17), in-fol.

BENOIST (G.-Ph.), né près de Coutances en 1725.

1084. Vingt-deux pièces in-4 et in-8.— 1. Montesquieu (L. 18). — 2. Floncel, avocat (L. 13), imprimé en rouge. — 3. Philippe IV, roi d'Espagne (L. 12). — 4 à 8. Cinq petits portraits en médaillon. — 9 à 16. Huit portraits pour la Vie des Peintres de Descamps; bonnes épreuves. — 17 à 22. Six portraits de personnages anglais.

1085. Trois portraits gr. in-4. — 1. Laugier de Beaurecueil, curé de Sainte-Marguerite. — 2. Mercier (Barthélemy), abbé de Saint-Léger, d'après Veriot. — 3. Rameau, d'après Restout.

1086. Clairon de la Tude (Hippolyte), actrice (L. 91); *très-jolie pièce.*

BERTHET (L.), vivait à Paris vers la fin du xviiie siècle.

1087. Deux exemplaires du portrait de Restif de la Bretonne, in-4.

BERTONY, graveur du xviiie siècle.

1088. Voltaire, d'après Largillière; très-belle épreuve sur chine.

BERVIC (Ch.-C.), né à Paris en 1765.

1089. Deux portraits in-fol. — 1. Gravier (Ch.), comte de Vergennes (L. 9). — 2. Linné (Ch.), naturaliste, d'après Roslin (L. 10); grandes marges.

1090. Senac de Meilhan (Gabriel), intendant du Hainaut, d'après Duplessis (L. 12); belle épreuve, elle a de la marge.

BEAUSSE (G.-L.), connu sous le nom de Biosse, né à Paris en 1752.

1091. Madame Marie-Louise-Thérèse-Victoire de France, in-8.

BLONDEAU (J.), né à Langres vers 1639.

1092. Trois portraits de cardinaux, in-4. — 1. Pamphilius. — 2. Alderanus Cybo. — 3. Abdua.

1093. Deux portraits in-4. — 1. Jean-George III, duc de Bavière (L. 51). — 2. Marie-Antoinette, archiduchesse d'Autriche, électrice de Bavière.

BLOT (Maurice), né à Paris en 1754.

1094. André-Guillaume de Gery, abbé de Sainte-Geneviève (L. 21), in-fol.

BOILY (Ch.), né à Paris en 1736.

1095. Necker, in-4.

BOISSARD (J.-J.), né à Besançon en 1633.

1096. Quarante-cinq portraits de l'*Icones virorum*. N^os de Leblanc : 4, 7, 8, 28, 29, 33, 41, 49, 54, 56, 60, 74, 79, 83, 85, 86, 90, 91, 94, 99, 101, 105, 119, 121, 125, 128, 132, 139, 140, 141, 142, 143, 147, 149, 150, 157, 159, 162, 165, 168, 171, 180, 183, 186, 191.

BOSSE (L.), né à Paris en 1777.

1097. Boucher (François), peintre, d'après Roslin (L. 2), in-4.

BOITARD (L.-P.), travailla à Paris de 1747 à 1765.

1098. Deux portraits de la collection d'Odieuvre.

BOYVIN, né à Angers vers 1530.

1099. Deux portraits in-4. — 1. Bucer (Martin), (R. D. 103). — 2. Hus (Jean), (R. D. 108). Ces deux portraits sont du 2e état non décrit par Robert Duménil.

BOIZOT (Marie-Louise), née à Paris en 1748.

1100. Quatre portraits in-4, *tachés d'eau*. — 1. Joseph II, empereur (L. 3). — 2. Bruté (J.-J.), (L. 6). — 3. Louis XVI (L. 7). — 4. Louis-Stanislas, comte de Provence (Louis XVIII), L. 10.

BOULANGER (Jean), né à Amiens ou Troyes vers 1607.

1101. Trois portraits. — 1. Arnould (Marie-Angélique), abbesse de Port-Royal, d'après P. de Champagne (L. 62), in-fol. — 2. Nostradamus (Michel), médecin (L. 96), in-fol. — 3. Lumagne, D. M. fondatrice de l'hospice des Filles de la Providence de Dieu (L. 91), in-8.

BOUCHER (François), né à Paris en 1704.

1102. Watteau (Antoine), peintre, d'après lui-même (L. 83); légère tache.

BOULONOIS (E.), travaillait à Paris à la fin du xviie siècle.

1103. Cinq portraits in-4. — 1. Saumaise (Claude), L. 88. — 2, 3. Schurmans (Anne-Marie), L. 90; 2 exempl. — 4. Vesale (André), L. 97. — 5. Wesenbec (Mathieu), L. 102.

BOVINET (E.), né près de Chaumont en 1767.

1104. Deux portraits in-8. — 1. Piron (Alexis), (L. 92). — 2. Dumouriez (L. 82).

CAMPION (Ch.), né à Paris vers 1740.

1105. Cinq pièces in-4. — 1. Montesquieu (L. 26). — 2. De Regny (L. 28). — 3. Rohan Guéméné (prince Louis de) (L. 30). — 4. De Verri (N.), L. 32. — 5. Van Pèe, gravé par J.-A. Campion (L. 1).

CARS (Jean-François), né en 1670.

1106. Deux portraits in-fol. — 1. Louis XIV, roi de France. — 2. Regis (Saint François), L. 13.

1107. Polignac (Michel de), cardinal, d'après Rigaud (L. 12); très-belle épreuve.

1108. Deux portraits in-fol. — 1. Grammont (François-Joseph de), archevêque de Besançon; très-belle épreuve avec marge. — 2. Turgot de Saint-Clair (Barnabé), évêque de Séez; belle épreuve.

Cars (Laurent), né à Lyon en 1699.

1109. Soixante-sept pièces in-4 (quelques-unes remontées). —
1. Son portrait gravé par Saint-Aubin. — 2. Chardin
(J.-S.), L. 26.— 3. Pouget (F.-M.), femme de Chardin,
L. 27. — 4. Prault (P.), typographe. — 5. Slodtz l'aîné
(S. A.) — 6. Slodtz (P.-A.) — 7. Slodtz (M.-A.), L. 36.
— 8. Boucher (F.), L. 23. — 9 à 67. Cinquante-neuf
portraits de grands-maîtres de Malte (suite incomplète).

1110. Clairon (Mlle) dans le rôle de Médée, d'après Van Loo
(L. 29); très grande pièce (avec Beauvarlet).

1111. Deux portraits in-fol. — 1. Anguier (Michel), sculpteur,
d'après Revel (L. 20).—2. Bourdon (Sébastien), peintre,
d'après Rigaud (L. 24).

1112. Deux portraits in-fol. — 1. Charles, archevêque de Cambrai, d'après Belle (L. 28). — 2. Estrées (Jean d'), abbé,
d'après Rigaud (L. 30).

1113. Deux portraits in-fol. — 1. Lambesc (Louis de Lorraine,
duc de), d'après J. Calais; marge. — 2. Lorraine
(Léopold-Clément, prince royal de), L. 10; marge.

Cathelin (L.-J.), né à Paris en 1739.

1114. Vingt-et-une pièces in-8 et petits médaillons, la plupart
avec marges. — 1. Lecauchois (P.-N.) — 2. Mme de Graffigny (L. 15). — 3. Desault (P.-J.) — 4. Lebas (L. 18).
— 5. Prault (L.-F.) — 6. Vernet (J.) — 7-8. Voltaire
(deux portraits différents). — 9. Capitaine Cook. —
10. D'Alembert. — 11. Diderot. — 12. La Bruyère. —
13. Rollin. — 14. Crebillon. — 15. Vitellius. — 16.
Othon. — 17 à 21. Cinq petits portraits en médaillon.

1115. Deux portraits in-fol. — 1. Joseph II, empereur d'Autriche (L. 5). — 2. Elisabeth-Philippe-Marie-Hélène de
France, sœur du roi.

1116. Deux portraits in-fol. — 1. Piccini (Nicolas), musicien
(L. 21). — 2. Un portrait avant la lettre.

1117. Quatre portraits de la galerie française. — 1. Clairaut
(L. 9). — 2. Moncrif. — 3. Le maréchal de Noailles. —
4. L'abbé Pluche (L. 22).

Chaponnier (A.), né à Genève en 1753.

1118. J. Vernet, professeur de théologie (L. 6), in-8.

CHAPUY (J.-B.), né à Paris vers 1760.

1119. Deux pièces en couleur in-4. — 1. Le comte de Cagliostro. — 2. 23° ruine romaine.

CHATAIGNIER, né à Nantes en 1772.

1120. Nicolas Rockox (L), in-8.

CHENU (P.), né à Paris en 1730.

1121. Quatre portraits in-8 dont trois de la suite d'Odieuvre.

CHEREAU (François), né à Blois en 1680.

1122. Quatre pièces in-4. et in-8. — 1. Bayle (P.) suite d'O-dieuvre. — 2. Boileau, d'après H. Rigaud (L. 18). — 3. Bossuet, (L. 19). — 4. H. de Harcourt (L. 20). 2° état, suite d'Odieuvre.

1123. Bayle (Pierre), in-fol. (L. 15), *la condition laisse à désirer*.

1124. Boileau-Despréaux (Nicolas), d'après Rigaud (L. 18); in-f.

1125. Boullongne (Louis de), peintre du roi (L. 21), in-fol. belle épreuve.

1126. Detter (Conradus), à Dehn, d'après Rigaud (L. 23), in-fol. marge.

1127. Fleury (André-Hercules de), cardinal, d'après Rigaud. (L. 25) belle épreuve, grandes marges.

1128. Fontaine (Charles-Nicolas-Taffoureau de), évêque d'Embrun, d'après Rigaud, le jeune. (L. 26), in-fol.

1129. Geoffroy (Mathieu-François), d'après N. de Largillière. (L. 28), in-fol, très-belle épreuve; elle a de la marge.

1130. Largillière (Nicolas de), peintre d'après lui même (L. 30), in-fol. très-belle épreuve, grandes marges.

1131. Launay (Nicolas de), directeur de la monnaie, d'après Rigaud (L. 31), in-fol., belle épreuve, grandes marges.

1132. Pardaillan de Gondrin (Louis-Antoine, duc d'Antin), d'après Rigaud (L. 33), in-fol, belle épreuve avec de la marge, *légère tache d'eau*.

1133. Pécourt (Louis), compositeur de ballets, d'après Tournières (L. 34), in-fol., très-belle épreuve, elle a de la marge.

1134. Pernot (Andochius), abbé, d'après Rigaud (L. 35), in-fol.

1135. Picon (Jean-Baptiste Louis), seigneur d'Andresel, d'après Rigaud (L. 36), in-fol., *épreuve jaunie.*

1136. Polignac (Melchior, cardinal de), d'après Rigaud (L. 37), in-fol, 2ᵉ état.

1137. Renaudot (Eusèbe), abbé, membre de l'Académie, d'après Ranc (L. 38), in-fol.

1138. Lorraine (François-Armand de, évêque de Bayex, d'après Tournière, gr. in-fol. belle épreuve, elle a de la marge (collection Graaf).

Ce portrait n'est pas cité par Le Blanc.

CHEREAU (Jacques), le jeune, né à Blois en 1694.

1139. Blaise III, abbé de Saint-Blaise, in-fol. *(porté par erreur par Le Blanc à Chereau aîné).*

1140. Deux pièces in-fol., d'après Dom. Reti. — 1. David tenant la tête de Goliath (L. 1). — 2. Jeune fille faisant manger un oiseau, d'après J. Raoux (L. 24).

CHOFFARD (P.-Ph.), né à Paris en 1735.

1141. Six pièces in-4. et in-8. — 1. De la Condamine (L. 46). — 1. F. de La Rochefoucault. — 3. Le Grand Delaleu. — 4. Le Serrurier. — 5. Palissot. — 6. Frontispice du catalogue de Basan.

COCHIN père (Charles-Nicolas), né à Paris en 1688.

1142. Le Sueur (Eustache), peintre, d'après lui-même, in-fol., belle épreuve, elle a de la marge.

1143. Sarrazin (Jacques, l'aîné, sculpteur, in-fol, *légère tache.*

C'est par erreur que Le Blanc attribue ces deux portraits à Cochin (voyez Huber et Rost, tome 8, page 59).

COCHIN (Hortemels, Marie-Madeleine, femme de).

1144. Quatre pièces. — 1. Gaultier (François), abbé de Notre-Dame de Savigny, d'après Belle. — 2. 3. 4. Trois portraits de la collection d'Odieuvre.

COCHIN fils (C.-N.), dessinateur et graveur, né à Paris.

1145. Dix-huit portraits. — 1. Son portrait gravé par Saint-Aubin. — 2. Dix-sept portraits gravés par lui ou sous sa direction (plusieurs belles épreuves).

7

23   1146. Seize portraits. — 1. Dix portraits gravés par Tardieu, Dupuis, L. Cars. — 2. Six portraits gravés par Daullé, Delattre et François.

3 1   1147. Vingt-six portraits gravés par Gaucher, de Launay, Lempereur, Meliny, Miger, Moitte, Nicolet, Prevost. Rousseau.

24   1148. Vingt-un portraits gravés par Saint-Aubin.

8 50   1149. Onze portraits par Watelet. La plupart des pièces sont avec marges et quelques épreuves sont avant la lettre.

COSSIN (Louis), né à Troyes en 1633.

2 50   1150. Deux pièces in-8. et in-4. — 1. La Mothe le Vayer. — 2. L. Roupert, orfèvre de Metz.

9   1151. Deux pièces. — 1. Chauveau (François), graveur, d'après Lefebvre (L. 8), in-fol. belle épreuve du 1er état, elle a de grandes marges. — 2. Roupert (Louis), orfèvre à Metz (H. et R. 5.), in-4.

COURBES (Jean de), né vers 1592.

1152. Deux portraits. — 1. Sidney (L. 2). — 2. M. Sidney, comtesse de Pembrock (L. 1).

1 75

CREPY (J.), le père, travailla à Paris de 1688 à 1730.

1153. Baudrand (Michel-Antoine), d'après Vignon (L. 7), in-fol.

CREPY (Jean et Louis), nés à Paris.

3 1   1154. Vingt-six pièces in-8. — 1. 2. Wateau (A.), deux états différents. — 3. Molière. — 4. La jeune bouquetière, imprimé en couleur. — 5. La jeune Flore, imprimé en couleur. — 6 à 26. Vingt-un portraits de la collection Crépy.

DAMBRUN (J.), né à Paris en 1745.

2 50   1155. Trois pièces. — 1. Frédéric-Guillaume de Prusse, in-8. — 2. Henri IV, in-4. — 3. Ninon de Lenclos, in-12.

DARET (P.), né à Paris en 1640.

3   1156. Onze pièces in-4. — 1. Charles-Gustave, prince de Suède.

— 2. Cinq-Mars. — 3. Gomberville. — 4. Hauranne
(Jean du Verger). — 5. La Chastre (Dame Marie de). —
6. Laubespine (Guillaume de).—7. Laubespine (Gabriel
de). — 9. Retz (le cardinal). — 10. Sainte Marthe. —
11. Tristan l'hermite. — Quelques-uns en très-belles
épreuves.

DAULLÉ (Jean), né à Abbeville en 1703.

1157. Quatorze pièces. — 1. Cochin fils, (L. 26) in-4. — 2. Van
Loo, (L. 34) in-4.—3. Nonnotte, peintre, (L. 39) in-4.
—4. Maupertuis, in-fol.—5. Hecquet (P.), in-8 *(taché)*.
— 6. Chomel, in-8.— 7. Pallu (le P. Martin), in-8. —
8. Astruc, in-4. — 9. Polignac (Cardinal), in-4. —
10. Le même in-8. —11 à 14. Quatre portraits de la
collection d'Odieuvre.

1158. Diogène avec sa lanterne, d'après Ribera (L. 21), in-fol.

1159. Aguesseau (Henri-François d'), chancelier de France,
d'après Vivien, in-fol.

1160. Louis, dauphin de France, d'après L. Tocqué, in-fol.
Belle épreuve avec marge.

1161. Caylus (Marguerite de Valois, comtesse de), d'après
Rigaud (L. 24), in-fol. Très-belle épreuve; elle a de la
marge.

1162. Favart (Madame) dans le rôle de Bastienne, d'après Carle
Van Loo (L. 28), in-fol.

1163. Fouquière (Catherine Mignard, comtesse de), d'après
P. Mignard (L. 29), in-fol. Grande marge.

1164. Gendron (Claude Deshuis), docteur en médecine, d'après
Rigaud (L. 31), in-fol. marge.

1165. Laubrière (Charles-François Le Febvre de), évêque de
Soissons, d'après Aved (L. 32). Grandes marges.

1166. Maupertuis (Pierre-Louis Moreau de), d'après Tournier
(L. 37), in-fol.

1167. Patot (François), abbé de Ste.-Geneviève (L. 41), in-fol.

1168. Pinto (F. D. Emmanuel), grand-maître de Malte (L. 43),
in-fol.

1169. Frédéric-Auguste III, roi de Pologne, d'après de Silvestre
(L. 44), in-fol. Belle épreuve, elle a de la marge.

1170. Puységur (F.-F. de Chastenet de), maréchal de France,
d'après Tournier, in-fol.

1171. Rigaud (Hyacinthe), peignant son portrait et celui de sa
femme, d'après lui-même (L. 45), in-fol. Belle épreuve.

1172. Coignard (J.-Bte.), imprimeur, d'après Voirieau, in-fol.
Taché d'eau.

1173. Lamoignon (Guillaume de), chancelier de France, d'après
Valade, in-fol.

1174. Chartres (Louis-Philippe d'Orléans, duc de), d'après
Belle.

1175. Sutaine (Pierre), abbé de Sainte-Geneviève, d'après
Guillemard.

DAUMONT, marchand d'estampes.

1176. Seize portraits de savants, écrivains, etc., de la collection
publiée par lui.

DAVID (François-Anne), né à Paris en 1744.

1177. Gaspard Netscher, sa femme et son fils, d'après lui-même
(L. 12).

DELATRE (J.-M.), né à Abbeville en 1746.

1178. Six pièces in-4. — 1. Beaumarchais (L. 9). — 2. Mademoiselle Colombe, l'aînée (L. 11). — 3. Louis, dauphin,
père de Louis XVl (L. 12). — 4. Mondonvile (L. 13). —
5. Linguet. — 6. Rameau (L. 14).

DELVAUX (R.), né à Lille en 1750.

1179. Vingt-quatre pièces petit format. — 1. Bacon. —
2. Baron. — 3. Belloy (P. de). — 4. Campistron. —
5. Destouches. — 6. Duchâtelet (Madame. — 7. Duval.
— 8. Fontenelle. — 9. Frédéric II. — 10. Gessner. —
11. Gresset. — 12. 13. Jeanne d'Arc (2 *exempl.*) —
14. Joly. — 15. La Bruyère. — 16. La Fontaine. —
17. Lefranc de Pompignan. — 18. Lesage. — 19. Miromesnil, in-4. — 20. Pétrarque. — 21. Reyrac. — 22. Rollin.
— 23. Riquet. — 24. Le Tasse.

DEMARTEAU (Gille), né à Lutich en 1729.

1180. Radix (Me J.-L.), d'après Cochin, épreuve imprimée en
rouge (L. 32).

DENON (Dominique).

1181. Son portrait, d'après Isabey (L. 42,, in-4.

DESPLACES (Louis), né à Paris en 1682.

1182. Duclos (Marie-Anne), actrice, dans le rôle d'Ariane, d'après N. de Largillière (L. 64, in-fol. Belle épreuve, marge.

DESROCHERS (Etienne-Jobandier), né à Lyon en 1685.

1183. Lot de 225 portraits de sa collection et de sa suite. Plusieurs sont doubles, il y a de bonnes épreuves et de médiocres, avec et sans marge.

1184. Trois portraits in-fol. — 1. Poerson (Charles-François), peintre, d'après N. de Largillière (L. 94. — 2. Verdier (François), peintre, d'après Ranc (121). — 3. Guillaume III, roi d'Angleterre.

1185. Deux portraits in-fol. — 1. Riberolles (F. Gabriel de), abbé de Sainte-Geneviève. — 2. Tuffourreau de Fontaine, archevêque de Sens, d'après Masson.

1186. Huit portraits pet. in-fol. — 1. Albizi (Ant.-Simon-Denis d'), dominicain. — 2 Colbert (Charles-Joachim), évêque de Montpellier. — 3. Broue (Pierre de la), évêque de Mirepoix. — 4. Jérôme (le R. P. dom), religieux feuillant. — 5. Langle (Pierre de), évêque de Boulogne. — 6. Petitpied (Nicolas), Docteur en Sorbonne. — 7. Quesnel (Pierre), prêtre de l'Oratoire (L. 100). — 8. Souuen (Jean), évêque de Séez.

DOSSIER (Michel), né à Paris en 1634.

1187. Mme Allon (Anne Raguenet), d'après Allou, in-fol. Belle épreuve.

1188. Deux portraits in-fol. — 1. Gilbert (Grégoire), religieux augustin, d'après de Troy (L. 9. — 2. Jacques III, roi d'Angleterre. Epreuve avant la lettre.

DREVET (Claude), né à Lyon en 1710.

1189. Trois pièces. — 1. Brunstat (L. 6), in-4. — 2. Tressan (Mr de), archevêque de Rouen (L. 44, in-4. *(Jauni).* — 3. Milon (Alex. comte de), évêque de Valence, d'après Rigaud, in-fol.

1190. Deux portraits. — 1. Besenval (Jean-Victor), baron de Brunstac, lieutenant-général, d'après Messonnier (L. 6), in-4. Belle épreuve avec marge. — 2. Bret de la Briffe (Marguerite-Henriette Le), quatrième femme du président Cardin Le Bret, d'après Rigaud (L. 8), in-fol. *Taché d'eau dans la marge en bas.*

DREVET (Pierre), né à Lyon en 1664.

1191. Arnauld (Mre Antoine), prêtre, d'après J.-B. Champagne (L. 15).

1192. Béthune (Hippolyte de), évêque et comte de Verdun, d'après Rigaud (L. 22). Grande marge.

1193. Bignon (Jean-Paul), abbé de St.-Quentin, d'après Rigaud (L. 23), 2° état.

1194. Le même portrait, 4° état.

1195. Boileau-Despréaux (Nicolas), tenant une plume, d'après Rigaud (L. 26).

1196. Desjardins (Mme Marie Cardenne, femme), d'après Rigaud (L. 58). *Jauni et taché d'eau.*

1197. Philippe V, roi d'Espagne, d'après Rigaud (L. 51). Belle épreuve du 1er état.

1198. Fairfax (Th.), d'après Van der Werft (L. 54).

1199. Félibien (Mre André), historiographe du Roi, d'après Le Brun (L. 55). Belle épreuve.

1200. Fleury (le cardinal), Ministre d'État, d'après Rigaud (L. 56). Belle épreuve du 1er état.

1201. Forest (Jean), peintre, d'après N. de Largillière (L. 57), 2° état.

1202. Fourcy (Balthazar-Henri de), abbé de Saint-Wandrille, d'après Rigaud (L. 58), 1er état.

1203. Louis, dauphin de France, en cuirasse, dans un ovale, d'après Rigaud (L. 62), 2° état. Très-grandes marges, *Taché d'eau.*

1204. Girardon (François), sculpteur, d'après J. Vivien (L. 65).

1205. Samsoye (Christian de Guldenleu, comte de), chambellan et colonel, d'après Rigaud (L. 67), avec l'adresse rue St.-Jacques.

1206. Deux exemplaires du même portrait avec l'adresse rue du Foin.

1207. Hideux (Louis), curé de St-Innocent, d'après Delescrinière 2
(L. 69).

1208. Issaly (Jean), conseiller, secrétaire du Roi, d'après N. de 2
Largillière (L. 70). Belle épreuve.

1209. Lambert de Thorigny (Marie Laubespine, femme de 10
Nicolas), d'après N. de Largillière (L. 75).

1210. Lamet (Léonard de), docteur en théologie, d'après Rigaud 4
(L. 76), 2° état. Belle épreuve ; elle a de la marge.

1211. Mitantier (J.-M.), d'après N. de Largillière (L. 88), 2
1ᵉʳ état, avant l'adresse. *Taché d'eau.*

1212. Motteville (Hélène Lambert, femme de François Marie de', 5
d'après N. de Largillière (L. 90).

1213. Nemours (Marie, duchesse de), d'après Rigaud (L. 91). 5

1214. Rigaud (Hyacinthe), peintre du Roi, tenant sa palette et 6
ses pinceaux, d'après lui-même (L. 101). Belle épreuve
du 2° état avec marge.

1215. Le même portrait 3° état. 5

1216. Le même personnage, tenant un porte-crayon, d'après 8
lui-même (L. 102), 3° état

1217. Serre (Maria), mère d'Hyacinthe Rigaud (L. 104), 2° état. 6

1218. Toulouse (Louis-Alexandre, comte de), amiral, d'après 1
Rigaud (L. 111). *L'épreuve est déchirée.*

1219. Bourbon (Louis-Auguste, duc de), d'après F. de Troy 7
(non cité), 2ᵉ état avec les armes.

1220. Le même portrait du 3° état, avec une fleur de lys en place 3
des armes.

1221. Louis XIV, d'après Rigaud, très-grande pièce (non cité 4
par Le Blanc).

DREVET (Pierre-Imbert), né à Paris en 1697.

1222. Deux portraits in-8. — 1. Cisternay du Fay (Ch.-J.), 12
capitaine des gardes françaises (L. 21). Très-belle
épreuve. — 2. Élisabeth-Charlotte d'Orléans, princesse
palatine (L. 37).

1223. Bernard (Samuel), conseiller d'État, d'après H. Rigaud 10
(L. 18). Belle épreuve du 2° état, *légère tache jaune.*

1224. Bossuet (Jacques-Bénigne), évêque de Meaux, d'après 40
Rigaud (L. 19), 2° état, grandes marges.

1225. Cotte (Robert de), d'après H. Rigaud (L. 23), grandes 10
marges.

1226. Dubois (Guillaume), cardinal (L. 26), belle épreuve.

1227. Louis XV, dans sa jeunesse, d'après Rigaud (L. 27).

1228. Deux portraits. — 1. Le Blanc (Claude), ministre, secré-
     taire d'État, d'après Prieur (L. 30), épreuve avant le
     N° 1 à droite en bas. — 2. Le même portrait avec le N° 1.

1229. Le Couvreur (Adrienne), dans le rôle de Cornélie, d'après
     Coypel (L. 31), 3° état, grandes marges, a été encadré.

1230. Mailly (François de), cardinal, d'après Van Loo (L. 35),
     marge.

1231. Orléans (Louise-Marie d'), abbesse de Chelles (L. 39), belle
     épreuve; *elle est tachée.*

1232. Pucelle (René), conseiller au Parlement, d'après H. Rigaud
     (L. 40), 2° état. *Légère déchirure.*

1233. Rohan (Armand-Gaston de), d'après Rigaud (L. 41),
     épreuve du 1er état, elle a de la marge.

1234. Sainte-Marthe (Dom Denis de), supérieur-général de la
     congrégation de St.-Maur (L. 42), très-belle épreuve,
     elle a de la marge.

1235. Le même portrait, épreuve en *mauvaise condition.*

1236. Fénelon (François de Salignac), archevêque de Cambrai,
     d'après Vivien (L. 43).

DUCHANGE (Gaspard), né à Paris en 1666.

1237. Six pièces. — 1. Son portrait gravé par Dupuis, in-4. —
     2 à 6. Cinq portraits, suite d'Odieuvre, in-8.

1238. Coypel (Antoine) et son fils, d'après Coypel (L. 36),
     in-fol.; belle épreuve.

1239. Girardon (François), sculpteur, d'après Rigaud (L. 38).

1240. La Fosse (Charles de), peintre, d'après Rigaud (L. 39);
     grandes marges.

1241. Un deuxième exemplaire du même portrait.

DUFLOS (Claude), né à Paris en 1678.

1242. Trente-huit pièces. — 1. Bignon (J.-C.), in-4. —
     2. Jean VIII, pape; in-4. — 3. Harlay de Chauvelon,
     archevêque de Paris; in-4. — 4. Sulviati (duc de); in-4.
     — 5. Geoffroy (Jacques); in-12. — 6. Locke, in-8. —
     7. Moncrif, in-8. — 8. Socrate, in-12. — 9. Louis-le-
     Grand, in-4. — 10 à 29. Vingt portraits de la famille
     de Gondy, in-4. — 30 à 38. Neuf pièces diverses.

DUFLOS (Claude), né à Coucy en 1665.

1243. Deux portraits in-fol. — 1. Berain (Jean), dessinateur, d'après Vivien (L. 139); belle épreuve, marge. — 2. Bouchu (Pierre), L. 142.

1244. Trois portraits in-fol. — 1. Moreri (Louis), auteur du Dictionnaire historique, d'après De Troy. — 2. Natalis (Alexandre), docteur en Sorbonne, d'après Herluyson. — 3. Thierry (Denis), juge au Tribunal de Paris, d'après Ferdinand (L. 162).

DUFLOS (P.) le Jeune, né à Lyon en 1751.

1245. Quatorze pièces in-8. — 1. Duclos (Ch.). — 2. Boileau. — 3. Chaulieu — 4. Corneille. — 5-6. Fontenelle, 2 exempl. — 7. Lafontaine. — 8. Malherbe. — 9-10. Cl. Marot, 2 exempl. — 11. Molière. — 12. Perrault. — 13. Regnard. — 14. J.-B. Rousseau. — 15. Delisle de Sales.

DUHAMEL (A.), né à Paris en 1736.

1246. Sept portraits in-8. — 1. Henri IV, d'après Marillier L. 2. — 2. Cagliostro. — 3. Crebillon. — 4. Descartes. — 5. J.-J. Rousseau. — 6. Marie Josèphe de Savoye, future épouse du comte de Provence. — 7. Marie-Josèphe de Savoye, épouse du comte de Provence.

DUPIN (Pierre), né en 1718.

1247. Trente-un portraits de la collection d'Odieuvre, en bonnes épreuves, avec marges.

1248. Lalande (Jérôme de), astronome, d'après Pujos; in-8., belle épreuve.

DUPIN Jeune, né à Paris en 1753.

1249. Trente-trois pièces in-4 et in-8. — 1. Ste. Madeleine, d'après Lebrun. — 2. Marie-Antoinette, in-4. — 3. Maximilien, archiduc d'Autriche, in-4. — 4. A. Portal, in-4. — 5 à 33. Vingt-neuf portraits de la collection publiée par Esnauts et Rapilly, la plupart en bonnes épreuves, avec marges.

DUPONCHEL (Ch.-E.), né à Abbeville en 1748.

1250. Trois pièces in-4 et in-12. — 1. Marie Leczinska, in-4.
— 2. Méro (H.-J.), in-12. — 3. Montesquieu, in-12.

DUPREEL, travaillait à Paris au commencement du
xıx° siècle.

1251. Huit pièces pièces petit format. — 1. Quatre portraits de
moralistes imp. en bistre. — 2. Quatre petits portraits
de divers.

DUPUIS (Charles), né à Paris en 1685.

1252. Quinze portraits de la collection d'Odieuvre; bonnes
épreuves avec marges.

1253. Largillière (Nicolas de), peintre, d'après Geulain (L. 12).

1254. Louis XV, d'après J. Ranc (H. R. 7); très-grande pièce.

1255. Perdrigeon (Marie-Françoise), épouse d'Ét. Boucher,
d'après Raoux (L. 13); contre-épreuve seulement.

DUPUIS (Nicolas), né à Paris en 1696.

1256. Dix-huit pièces. — 1. G. Duchange, in-4. (L. 23). —
2. Garrick, in-4. — 3. Gougenot, in-4 (L. 26). —
4. Lemoine, in-4 (L. 28). — 5. Parrocel, in-4 (L. 30).
— 6 à 18. Treize portraits de la collection d'Odieuvre,
la plupart bonnes épreuves avec marges.

1257. Deux pièces in-fol. — 1. Heusy (Jacques d'), bourgmestre
de Liége, d'après Van Loo (L. 27). — 2. Wouvermans
(Philippe), peintre, d'après Visscher (L. 34).

1258. Trois portraits in-fol. — 1. Tournehem (Charles-Franç.-
Paul Le Normand de), directeur et ordonnateur des bâtiments du roi, d'après L. Tocqué (L. 32); belle épreuve,
très-grandes marges. — 2. Portrait d'homme à mi-corps,
coiffé d'un chapeau à grands bords, d'après Rembrandt
(L. 35). — 3. Wouvermans (Philippe), peintre, d'après
Visscher (L. 34).

EDELINCK (Gérard), né à Anvers en 1739.

1259. Arnault (Antoine), R. D. 140; belle épreuve du 1er état,
avec de grandes marges.

1260. Le même personnage (R. D. 141).

1261. Arnault d'Andilly (Robert), conseiller-d'état (R. 142); épreuve du 2ᵉ état; *condition médiocre.*

1262. Beaulieu (Sébastien de Pontaut, seigneur de), premier ingénieur et maréchal général des armées (R. D. 144); épreuve médiocre; marge.

1263. Bellièvre (Pompone de), premier président du parlement de Paris (R. D. 145); grandes marges.

1264. Benserade (Isaac de), poète, membre de l'Académie Française (R. D. 146).

1265. Bertin (Pierre-Vincent), trésorier des parties casuelles (R. D. 149); épreuve du 3ᵉ état; elle a de la marge.

1266. Bignon (Jean-Paul), abbé de Saint-Quentin, conseiller-d'état (R. D. 151).

1267. Blaisy (Georges-Joly, baron de), R. D. 152, marge.

1268. Blampignon (Nicolas de), curé de Saint-Merri, de Paris (R. D. 153), belle épreuve du 2ᵉ état; elle a de grandes marges.

1269. Blanchard (Jacques), peintre et graveur à l'eau-forte (R. D. 154).

1270. Bossuet (Jacques-Bénigne), évêque de Meaux (R. D. 156); épreuve du 1ᵉʳ état.

1271. Bourgogne (Louis, petit-fils de France, duc de), R. D. 158; très-belle épreuve du 2ᵉ état; elle a de très-grandes marges.

1272. Bragance (Isabelle de), infante de Portugal (R. D. 160); belle épreuve, grandes marges, *rare.*

1273. Brulart de Sillery (Fabio), évêque de Soissons, membre de l'Académie Française (R. D. 161); 2ᵉ état.

1274. Carcavy (Pierre de), garde de la bibliothèque du roi (R. D. 163); belle épreuve.

1275. Un second exemplaire du même portrait; belle épreuve.

1276. Champagne (Philippe de), peintre du roi et recteur de l'Académie royale de peinture (R. D. 164); belle épreuve du 1ᵉʳ état.

1277. Chauveau (François), peintre et célèbre graveur à l'eau-forte (R. D. 166).

1278. Coeffeteau (Nicolas), évêque de Marseille (R. D. 169).

1279. Colbert (Jean-Baptiste-Michel), archevêque de Toulouse (R. D. 172); belle épreuve du 2ᵉ état.

1280. Croissy (Charles Colbert, marquis de), ministre (R. D. 175); 2ᵉ état.

1281. Desjardins (Martin Van den Bogaert, connu en France sous le nom de), célèbre sculpteur (R. D. 182); belle épreuve du 4ᵉ état; elle a de la marge.

1282. Le même portrait, même état.

1283. D'Herbelot (Barthélémy), professeur royal (R. D. 185).

1284. D'Hozier (Charles), généalogiste du roi (R. D. 184); belle épreuve.

1285. Dilgerus (Nathanael), ministre de Dantzick (R. D. 185); *morceau rare et recherché.*

1286. D'Ossat (Armand), cardinal (R. D. 186); grandes marges.

1287. Du Laury (Remi), prévôt de l'église de Saint-Pierre, de Lille (R. D. 188); très-belle épreuve; elle a de la marge.

1288. Du Metz (Gédéon-Berbier, lieutenant-général des armées du roi (R. D. 189).

1289. Du Metz (Gédéon Berbier); président de la Chambre des comptes de Paris (R. D. 290); 3ᵉ état.

1290. Du Perron (Jacques Davy), cardinal (R. D. 191); belle épreuve.

1291. Du Quesne (Abraham), lieutenant-général des armées navales (R. D. 192); belle épreuve.

1292. Du Vair (Guillaume), évêque de Lisieux et Garde des Sceaux de France (R. D. 194); belle épreuve.

1293. Estrées (César d'), cardinal-évêque d'Albano (R. D. 197); très-belle épreuve.

1294. Evrard (Philippe), avocat au Parlement de Paris (R. D. 198); belle épreuve du 2ᵉ état; elle a de grandes marges.

1295. Fabert (Abraham de), maréchal de France (R. D. 199).

1296. Ferdinand, prince-évêque de Paderborn et de Munster (R. D. 202), 1ᵉʳ état.

1297. Le même personnage (R. D. 203); épreuve du 1ᵉʳ état; *rare;* elle a de grandes marges.

1298. Feuillet (Nicolas), chanoine de Saint-Cloud (R. D. 204); 2ᵉ état.

1299. Trois portraits. — 1. Fléchier (Esprit), évêque de Nismes (R. D. 205). — 2. Le même portrait, état non-décrit. — 3. Le même personnage. (R. D. 206); 2ᵉ état.

1300. Furetière (Antoine), membre de l'Académie Française (R. D. 209).

1301. Galles (Jacques-François-Edouard, prince de) R. D. 211, 2ᵉ état, elle a de la marge. *Rare.*

1302. Gaston (Jean de), maréchal de France (R. D. 213).

1303. Gherardi (Evariste), comédien italien, connu sous le nom d'Arlequin (R. D. 214), 3 exemplaires du 2ᵉ état.

1304. Gobinet (Charles), principal du collège du Plessis, à Paris (R. D. 215).

1305. Goltzius (Henri), peintre et célèbre graveur Allemand (R. D. 216), belle épreuve du 3ᵉ état.

1306. Graaf (Regnier de), médecin hollandais (R. D. 219), belle épreuve du 2ᵉ état.

1307. Gremmont (Antoine, duc de), maréchal de France, (R. D. 220).

1308. Hameau (André), conseiller-clerc au Parlement de Paris et curé de Saint-Paul (belle épreuve du 1ᵉʳ état). *Rare.*

1309. Harcourt (Henri de Lorraine), grand écuyer de France (R. D. 222).

1310. Helyot (Madame), (R. D. 223), 4ᵉ état.

1311. Huet (Pierre-Daniel), évêque d'Avranches (R. D. 224), belle épreuve du 1ᵉʳ état

1312. Joseph Clément, prince-archevêque de Cologne, comte palatin du Rhin (R. D. 227).

1313. La Forge (Grégoire de), général de l'ordre des Mathurins (R. D. 231), belle épreuve ; elle a de la marge.

1314. Le même personnage (R. D. 232), 2ᵉ état ; belle épreuve.

1315. Lamoignon (Guillaume de), premier président du Parlement de Paris (R. D. 233), elle a de grandes marges.

1316. La Morinière (Adrien Le Fort de), littérateur (R. D. 235), l'épreuve est très-belle, mais elle est tachée et détériorée.

1317. La Quintinie (Jean de), célèbre horticulteur (R. D. 236), manque de marge.

1318. Le Brun (Charles), premier peintre du roi (R. D. 238). très-belle épreuve.

1319. Le Fèvre (Nicolas), précepteur de Louis XIII (R. D. 240).

1320. Le Nain de Tillemont (Sébastien), prêtre (R. D. 241).

1321. Léonard (Frédéric), premier imprimeur du roi et du clergé (R. D. 242), 2ᵉ état ; très-belle épreuve.

1322. Le Tellier (Michel), chancelier de France (R. D. 243).

1323. Le même personnage (R. D. 244), belle épreuve du 1ᵉʳ état ; elle a de la marge.

1324. Le même portrait, 4ᵉ état ; très-belle épreuve.

1325. Le Tellier (Charles-Maurice), archevêque de Reims (D. R. 245), 2e état, belle épreuve.

1326. L'Hospital (Guillaume-François, marquis de), membre honoraire de l'académie des sciences (R. D. 243), belle épreuve avec de grandes marges.

1327. Lionne (Jules-Paul de) aumônier du roi, abbé de Marmoutier (R. D. 247), belle épreuve du 2e état.

1328. Louis XIV, roi de France (R. D. 248), 2e état.

1329. Louis XIV, roi de France (R. D. 251), 2e état.

1330. Louis XIV, roi de France (R. D. 253), (titre des Hommes illustres de Perrault), 2e état.

1331. Louis XIV, roi de France (R. D. 255), 1er état (frontispice du Dictionnaire de l'Académie).

1332. Louis XIV, roi de France. Grande composition en deux feuilles, connue sous le titre de Triomphe de l'Église, (R. D. 258).

1333. Louvois (François-Michel Le Tellier, marquis de), ministre d'État (R. D. 261), belle épreuve du 2e état.

1334. Lully (Jean-Baptiste), surintendant de la musique du roi (R. D. 262).

1335. Luxembourg (François-Henri de Montmorency, duc de), maréchal de France (R. D. 263).

1336. Le même portrait.

1337. Deux portraits. — 1. Mansart (François), architecte du roi (R. D. 266), épreuve avec les armes au bas du cadre (non décrit par Robert Dumesnil). — 2. Le même portrait sans les armes. 2e état.

1338. Mansart (Jules-Hardouin), surintendant des bâtiments du roi (R. D. 267), belle épreuve du 2e état.

1339. Marca (Pierre de), archevêque de Toulouse, puis de Paris (R. D. 269).

1340. Un deuxième exemplaire du même portrait.

1341. Mascaron (Jules), célèbre prédicateur, évêque de Tulles (R. D. 270), 2e état.

1342. Mellan (Claude), peintre et graveur français (R. D. 272), belle épreuve.

1343. Meslay (Jean-Rouillé, comte de), Conseiller d'État (R. D. 273), très-belle épreuve avec de grandes marges.

1344. Mignard (Pierre), dit le romain, premier peintre du roi (R. D. 274.), 2ᵉ état.

1345. Montarsis (Pierre de), amateur de beaux-arts (R. D. 277), belle épreuve du 3ᵉ état.

1346. Morant (Thomas-Alexandre), maître des requêtes (R. D. 279), très-belle épreuve du 2ᵉ état.

1347. Moreri (Louis), docteur en théologie, auteur du dictionnaire historique (R. D. 280.), très-belle épreuve du 2ᵉ état.

1348. Mouton (Charles), musicien de Louis XIV. (R. D. 281), belle épreuve du 2ᵉ état, elle a de grandes marges. *Une légère tache.*

1349. Nanteuil (Robert), célèbre graveur (R. D. 282.), 3ᵉ état.

1350. Parent (Jean-Charles), chevalier romain (R. D. 287), belle épreuve du 2ᵉ état; elle a de la marge.

1351. Le même portrait, 4ᵉ état.

1352. Parfait (Nicolas), abbé de Bouzonville, chanoine de l'Église de Paris (R. D. 288), très-belle épreuve.

1353. Le même portrait le buste seul.

1354. Pascal (Blaise), littérateur célèbre (R. D. 289).

1355. Pellisson (Paul Fontanier de), membre de l'Académie française (R. D. 291).

1356. Perrault (Charles), membre de l'Académie française (R. D. 292).

1357. Perrault (Claude), médecin et architecte (R. D. 293), 2ᵉ état.

1358. Philippe V, roi d'Espagne (n'étant que duc d'Anjou) (R. D. 294), très-belle épreuve avec de très-grandes marges.

1359. Pierre II, roi de Portugal (R. D. 296).

1360. Pithon (François), jurisconsulte et littérateur célèbre (R. D. 298).

1361. Poisson (Raimond, dit Crispin), comédien (R. D. 299), belle épreuve du 3ᵉ état.

1362. Un deuxième exemplaire du même portrait, même état.

1363. Pontchartrain (Paul Phelypeaux, seigneur de), secrétaire d'État (R. D. 300).

1364. Quinault (Philippe), membre de l'Académie française (R. D. 301), 2ᵉ état.

1365. Racine (Jean), poète tragique (R. D. 302).

1366. Rigaud (Hyacinthe), peintre (R. D. 303); belle épreuve du 2e état.

1367. Rigault (Nicolas), garde de la bibliothèque du roi (R. D. 304); très-belle épreuve du 1er état.

1368. Le même portrait, épreuve du 2e état.

1369. Sadeler (Gilles), graveur (R. D. 305); très-belle épreuve du 3e état.

1370. Deux portraits. — 1. Sainte-Marthe (Claude de), prêtre (R. D. 308); 3e état. — 2. Le même portrait, 4e état.

1371. Sainte-Marthe (Scévole de), président et trésorier de France à Poitiers (R. D. 309).

1372. Saint-Remy (Pierre-Suritey de), R. D. 310; 2e état.

1373. Santeuil (Jean-Baptiste), chanoine et poète latin (R. D. 311). Conservation médiocre.

1374. Le même personnage (R. D. 312).

1375. Sarrazin (Jacques) l'aîné, sculpteur célèbre (R. D. 313).

1376. Savary (Jacques), conseiller du roi (R. D. 314); belle épreuve du 2e état.

1377. Un second exemplaire, épreuve médiocre.

1378. Savary (Jacques), conseiller du roi, d'après Coypel (R. D. 314); 2 exempl. Lavés.

1379. Savary (Mathieu), évêque de Séez (R. D. 315); belle épreuve, mais un peu sale.

1380. Scaliger (Joseph-Juste), professeur de belles-lettres à Leyde (R. D. 3116).

1381. Seignelay (Jean-Baptiste Colbert, marquis de), ministre et secrétaire d'État (R. D. 318).

1382. Silvestre (Isaac), dessinateur et graveur à l'eau-forte (R. D. 319); très-belle épreuve du 3e état.

1383. Solleysel (Jacques de), écuyer du roi (R. D. 321); belle épreuve, elle a de la marge.

1384. Sully (Maximilien de Béthune, duc de), R. D. 323; belle épreuve.

1385. Tallemant (Paul), membre de l'Académie française (R. D. 324); 2e état, elle a de la marge.

1386. Teissier (Eustache), général de l'ordre des Mathurins (R. D. 325); 2e état.

1387. Teniers (Abraham), peintre (R. D. 326); belle épreuve avec marge.

1388. Tortebat (François), peintre et graveur (R. D. 328); belle épreuve.

1389. Varin ou Warin (Jean), graveur général des monnaies de France (R. D. 333).

1390. Deux portraits. — 1. Verien (Nicolas), graveur de devises et cachets (R. D. 325); 2e état. — 2. Le même portrait, 3e état.

1391. Villeroy (François de Neufville, duc de), maréchal de France (R. D. 337). *Sans la lance accessoire et sans nom de portrait, état non décrit par Robert Dumesnil.*

1392. Molière (Jean-Baptiste Poquelin de); portrait non achevé, signé Edelinck, *non cité dans aucun ouvrage;* cadre ovale avec armes.

1393. Cinq portraits in-4. — 1. Trois portraits de Moreri. — 2. Nanteuil. — 3. Fr. Pithou.

EDELINCK (N.), né à Paris vers 1680.

1394. Sept pièces in-4. — 1-2. Baillet (A.) L. 8, 2 exempl. — 3. Castiglione (B.) L. 9. — 4. Médicis (Jules de), L. 10. — 5. Malebranche. — 6. La Mothe. — 7. Tourreil (J. de).

1394 bis. Guillieaumon (Jean-François), maître tapissier (L. 12, épreuve du 1er état.

1394 ter. Le même portrait, épreuve du 2e état.

1395. Vertumne et Pomone, d'après Ranc.

FESSARD (Et.), né à Paris en 1714.

1395 bis. Quatorze pièces. — 1. Bougainville, in-4. — 2. Hoin (F. J.) in-4. — 3. Marin. — 4 à 14. Onze portraits de la collection d'Odieuvre et autres.

FICQUET (Étienne), né à Paris en 1731.

1395 ter. Ludovico Ariosto (F. 4), 5e état.

1396. De Chennevières (F. 31), 1er état, marge.

1396 bis. Cicéron (F. 32), petit buste.

1396 ter. Pierre Corneille, d'après Lebrun (F. 34), belle épreuve.

1397. Prosper Jolyot de Crébillon, d'après Aved (F. 37), belle épreuve, marge.

1398. René Descartes, d'après F. Hals (F. 39), belle épreuve.

1399. Charles Eisen (F. 51), 3e état.

1400. De Lamothe-Fénelon, d'après Vivien (F. 58), belle épreuve, *mais un peu déchirée*.

1401. Jean de La Fontaine, d'après Rigaud (F. 61), épreuve moderne.

1402. Michel de la Cour Damonville (F. 82).

1403. F. de La Mothe le Vayer (F. 84), marge.

1404. Françoise d'Aubigné, marquise de Maintenon, d'après Mignard (F. 93), deuxième planche, *rare*.

1405. Jean-Baptiste Poquelin de Molière, d'après Coypel (F. 101), marge, *un peu sale*.

1406. Michel de Montagne (F. 102), marge.

1407. Jean-François Regnard, d'après Rigaud (F. 122), 3e état.

1408. Jean-Baptiste Rousseau, d'après Aved (F. 131), *taché*.

1409. Jean-Jacques Rousseau, d'après de La Tour (F. 132).

1410. Saugrain, libraire (F. 135).

1411. Jean-Joseph Vadé (F. 150), épreuve moderne sur papier de Chine. *Tachée d'eau*

1412. Voltaire, d'après de La Tour (F. 162), épreuve moderne.

1413. Quarante-quatre portraits de la collection d'Odieuvre, la plupart sont en très-bonnes épreuves avec marges, quelques-uns sont doubles.

1414. Cinquante-quatre portraits pour la Vie des peintres, de Descamps. 47.

1415. Les Appellans : Pierre de La Broue, Ch.-J. Colbert, J. Soanen, Pierre de Langle (F. 2), pièce anonyme, in-fol.

1416. Chaubert (Louis), abbé de Sainte-Geneviève, d'après Barère (F. 29), in-fol.

FLIPART (Ch.-F.), mort en 1773.

1417. Six pièces in-4. — 1 à 5. Quatre portraits de comtes de Hollande. — 6. Le Baiser dangereux, d'après Fragonard.

FLIPART (J.-J.), né à Paris en 1723.

1418. Quarante portraits. — 1. Son portrait, gravé par Ingouf, in-4. — 2. Greuze, peintre, in-4. — 3. Jeanne de
Ronceray (Mme Favart), (L. 18) in-4. — 4. L'eau-forte de
ce portrait. — 5 à 40. Trente-cinq portraits des comtes
de Hollande et personnages célèbres, in-4.

1419. Dumont le Romain (Jacques), peintre, d'après De La Tour
(L. 12), in-fol.; épreuve avant la lettre.

FOSSEYEUX (J.-B.), né à Paris en 1752.

1420. Deux pièces. — 1. Hagnan (J.-A.), in-4. — 2. Louis-le
Grand, in-8.

FRANCOIS (J.-Cb.), né à Nancy en 1717.

1421. Huit pièces. — 1. J.-F. Denis, épreuve en noir, in-4. —
2. Le même, épreuve en bistre, in-4. — 3. Mme Denis,
épreuve en bistre, in-4. — 4. Ch.-Alex. de Lorraine,
petit in-fol. — 5. Carvalho, in-4. — 6 à 8. Trois portraits de la collection d'Odieuvre.

FROSNE (Jean), travailla à Paris de 1630 à 1673.

1422. Cinq pièces. — 1. Elbeuf (Catherine-Henriette de France,
duchesse d'), d'après Vary, in-fol. — 2. Estampes
(Henri d'), de Valançay (L. 7), in-fol. — 3. Roque
(Jacques), seigneur de Varengeville, in-fol, *avant la
lettre*. — 4. Portrait d'un médecin, in-fol. — 5. Pom-
ponne de Bellièvre, in-4.

GAILLARD (R.), né à Paris en 1722.

1423. Trente-deux portraits in-8. — 1. Douze portraits pour la vie
des peintres, de Descamps. — 2. Vingt portraits de la
collection d'Odieuvre, bonnes épreuves avec marges.

1424. Trois portraits in-fol. — 1. Beaumont (Christophe), archevêque de Paris, d'après Chevalier (L. 12). — 2. Fleury
(Guillaume-François Joly de), procureur catholique. —
3. Galilée, d'après Gérard Dow (L. 16).

1425. Bertin (Henri-Léonard-Jean-Baptiste), ministre, d'après
Roslin, très-belle épreuve *(non cité par Le Blanc)*.

GANTREL (Étienne), né à Paris en 1640.

1426. Deux portraits in-fol. — 1. Bruneau (Antoine), conseiller
du roi, d'après Ladam (L. 24). — 2. Lemoyne (Alphonse), docteur en théologie, d'après N. de Plate-
Montagne (L. 32).

GAUCHER (Ch.-E.), né à Paris en 1740.

1427. Douze portraits in-4. Personnages célèbres. — 1. 2. Catherine II, 2 épreuves différentes. — 3. Brissac (P. T. de Cossé, duc de). — 4. Dupaty — 5. Freron. — 5. Gilles (Louis). — 7. Grimaldi. — 8. Guérin. — 9. Henault. — 10. Marduel. — 11. J.-J. Rousseau. — 12. Vendôme (Ch. de Bourbon, duc de).

1428. Dix-sept portraits in-4 et in-8. — 1. Gravelot, *épreuve non terminée*. — 2. Cailhava. — 3. Carcadô (la Comtesse). — 4. 5. Caylus, évêque d'Auxerre, 2 exemplaires. — 6. Cambefort. — 7. Duveyrier, avocat. — 8. Mme de Graffigny. — 9. Gustave III. — 10. Jeanne-d'Arc. — 11. Malesherbes. — 12. Mounier (général), *avant la lettre*. — 13. Metastasio. — 14. Sicard. — 15. 16. Theo, 2 épreuves, *dont une avant la lettre*. — 17. Anacréon.

1429. Sept portraits in-8. — 1. 2. Carondelet (J. H. baron), 2 exemplaires, *rare*. — 3. P. Corneille (belle épreuve mais tachée). — 4. Le Bas (graveur), deux épreuves différentes. — 6. Noyelle (baronne de). — 7. Saint-Marc (J. P. A.)

1430. Neuf portraits de personnages célèbres in-8. — 1. Bossuet, épreuve *avant la lettre*. — 2. Cervantes, épreuve *avant la lettre*. — 3. Diderot, épreuve *avant la lettre*. 4. 5. Pie VI, deux épreuves de deux gravures différentes, *dont une avant la lettre*. — 6. 7. 8. Racine, trois épreuves d'états différents. — 9. Hartig (F. comte d').

1431. Dix petits portraits. — 1. Du Barry (comtesse). — 2. Beauharnais (Fanny). — 3. Lassus (Pierre). — 4. Marie Cécile. — 5. Maurice de Saxe. — 6. Montmirail (Ch. Le Tellier). — 7. Montausier (duc de). — 8. Soret avocat. — 9. Vergennes (comte de). — 10. Un petit portrait avant la lettre.

1432. Vingt-neuf petits portraits, écrivains, savants, etc. — 1. Baïf. — 2. 3. Bartas (G. S. du), 2 exemplaires. — 4. Belleau. — 5. Boufflers. — 6. Desportes. — 7. Du Bellay (Joachim). — 8. Fénelon. — 9. Gait *(avant la lettre)*. — 10. Haller. — 11. Jauffret. — 12. Kotzebue. — 13. La Borde (J. B.) — 14. Marot (Clément). — 15. 16. Mellin de Saint-Gelais (2 exemplaires de deux états). — 17. 18. Orléans (Ch. duc d'). — 19. 20. Pascal, deux exemplaires, *dont un avant la lettre*. — 21. 22. Passerat, 2 exemplaires. — 23. Piis (A. P. A. de).

— 24. René, roi de Sicile. — 25. Ronsard. — 26. Scevole de Sainte-Marthe. — 27. 28. 29. Trois portraits divers. *Très-joli lot.*

1433. Deux portraits in-4. — 1. Dupaty (Charles-Marg.-Jean-Baptiste), président à mortier au parlement de Bordeaux, d'après Notté. — 2. Marduel (Jean-Baptiste), curé de Saint-Roch, d'après Daucone.

Gaultier (Léonard), né à Paris ou à Mayence.

1434. Sept portraits petit format. — 1. Brisso. — 2. La Martonie (Henry de) L. 138 — 3. Sales (François de). — 4. Saint-Bruno. — 5. 6. Sénèque, 2 épreuves de gravures différentes. — 7. Pasquier (Et.)

Giffart (P.), né à Paris en 1648.

1435. Deux portraits in-8. — 1. Mabillon. — 2. Novion.

Granthomme (J.), travaillait à Lyon à la fin du XVIe siècle.

1436. Huit portraits in-8. — 1. Buchanan (G.) L. 28. — 2. Clément VIII, pape. — 3. Mellissus (P.) — 4. Mergiletus. — 5. 6. Olevianus, 2 exemplaires (L. 32). — 7. Parme (le prince de). — 8. Pareus (David). — 9. Sixte V, pape.

Grignion (Jacques), dit le vieux, né en France vers 1640.

1437. Verthamon (F. de), conseiller du roi, d'après Le Febure (L. 10). in-fol.

Habert (N.), né à Paris vers 1650.

1438. Deux portraits in-4. — 1. Molière, d'après Mignard. — 2. Decan (J.).

Hardouin (Michel), vivait en 1780.

1439. Deux portraits in-4. — 1. De la Motte-Piquet. — 2. Comte de Guichen.

Henriquel-Dupont, né à Paris en 1797.

1440. Deux portraits. — 1. Normand père, graveur, *(avant le nom du personnage).* — 2. Pastoret (le marquis de), d'après Delaroche, *eau-forte.*

HENRIQUEZ (B.-L.), né à Paris en 1732.

1441. Trois portraits. — Le Tasse, in-8. — 2. Ch. Bossut, in-8.
— 3. Le Cat, in-4 *(taché)*.

1442. Sept portraits in-fol. et in-4. — 1. Alembert (Jean le
Rond d'), d'après Jollain (L. 17). — 2. Diderot, d'après
Van Loo (L. 18). — 3. Montesquieu *(épreuve sale)*. —
4. Voltaire (L. 21). — 5. Bouvart (Phil.). — 6. Louis XIV,
d'après Rigaud (L. 19. — 7. Le Cat, d'après Restout.

HUBERT (F.), né à Abbeville en 1740.

1443. Dix-sept portraits in-4 et in-8. — 1. Jean-Bart. —
2. Comte de Forbin. — 3. De la Galissonnière. — 2. De
la Roche. — 5. Maréchal de Tourville. — 6. Beaumont,
arch. de Paris. — 7. Cossé, duc de Brissac. — 8. Marq.
de l'Étanduère. — 9. De Valbelle. — 10. Louis XV. —
11. Louis XVI. — 12. Ch.-Philippe, comte d'Artois.
— 13. Marie-Thérèse, comtesse d'Artois. — 14. Marie-
Louise de Savoye. — 15. Fréron. — 16. Sage. — 17. De
Courten. *Quelques-uns sont tachés.*

HUET (J.-B.), né en 1745.

1444. Son portrait, in-4. Épreuve imprimée en rouge.

HUOT (F.), élève de De Launay.

1445. Huit portraits in-4 et in-8. — 1. N. de Launay. — 2. Court
de Gebelin. — 3. La Harpe. — 4. Gras de Besplas. —
5. Delille. — 6. Baron de Trenck. — 7. Frédéric II. —
8. Joseph II.

HURET (Grégoire), né à Lyon en 1610.

1445 bis. Boyceau de la Barauderie (Jacques), d'après A. Vries
(L. 72), in-fol.

INGOUF (P.-Ch.), né à Paris en 1746.

1446. Quatre portraits. — 1. Pie VI, in-4 *(taché)*. — 2. Wille
(Jean-George), d'après Wille fils (L. 5), in-4. — 2. Le
même avant le nom sur la bordure. — 4. Le même avant
nom sur la bordure et une inscription différente au bas.
Très-belle épreuve ~~sur papier de Chine.~~

INGOUF (Fr.-Robert) le jeune, né à Paris en 1747.

1447. Son portrait d'après son dessin gravé par Sisco, épreuve
sur chine avant toutes lettres.

1448. Dix pièces. — 1. Frère Cosme, in-8. — 2. J.-J. Flipart, in-4 (L. 5). — 3. Hue de Miromesnil. — 4. Lebas, médaillon seul, nom à la pointe en haut, in-8. — 5. Marivaux, d'après Marillier, in-8. Belle épreuve. — 6. J.-J. Rousseau, in-4. — 7. P.-G. Simon, in-4. — 8. 9. 10. Trois portraits.

1449. Neuf portraits in-4. Grands personnages hollandais.

1450. Vingt portraits petit format, la plupart avec grandes marges. — 1. Boileau, nom à la pointe, très-belle épreuve. — 2. Chapelle. — 3. P. Corneille. — 4. Crébillon. — 5. Mⁿᵉ Deshoulières. — 6. Destouches. — 7. Fontenelle *(taché)*. — 8. Le même, nom à la pointe. — 9. La Chaussée. — 10. De La Lande. — 11. La Mothe. — 12. J. De Laporte. — 13. P. Lemoine, nom à la pointe *(taché d'eau)*. — 14. Molière, belle épreuve. — 15. Perrault. — 16. J. Racine *(taché d'eau)*. — 17. Regnard, nom à la pointe, belle épreuve. — 18. Regnier. — 19. J.-J. Rousseau. — 20. Sarrazin, nom à la pointe, très-belle épreuve. — 21. Scarron, id.

1451. Quatre pièces in-4. — 1. Lorry (Paul-Charles), d'après Hallé. — 2. Mairon (J.-Jacq. d'Artois, seigneur de), gravé par P. Charles. — 3. Petit (Auguste), médecin, d'après De Lorme. — 4. Flamand et flamande, d'après Rembrandt.

ISAC (Jaspar), travaillait à Paris dans le commencement du xvɪɪᵉ siècle.

1452. Deux portraits. — 1. Petrus Danesius (L. 29), in-4. — 2. Christophe, prince de Portugal, in-8.

JARDINIER (Claude-Donat), né à Paris en 1725.

1453. Deux pièces. — 1. La tricoteuse endormie, d'après Greuze (L. 6). Belle épreuve, in-4. — 2. Moreau, chirurgien (L. 3), in-8.

JEAURAT (Edme), né à Paris en 1772.

1454. Deux portraits. — 1. H. A. Fauvel, abbé, in-8. — 2. Puget (Pierre), peintre et sculpteur, d'après Puget fils (L. 104), in-fol. Belle épreuve.

1455. Vleughels (Nicolas), peintre, d'après A. Pesne (L. 126), in-fol. Belle épreuve du 1ᵉʳ état.

LANDRY (P.), né à Paris vers 1.630.

1456. Cinq portraits. — 1. Bourgneuf de Cucé (Henri), L. 17, in-8. — 2. Allain Manesson-Mallet, in-8. — 3. Memmia, in-8. — 4. Marius Venturinus (général des Capucins).— 5. J.-B. Estensis ; in-8.

1457. Ary (Jérome), prieur-général des Carmes, d'après Gribelin, in-fol. Belle épreuve.

1458. Bourbon (Charles de), évêque de Soissons, d'après Lamiel (H. et R. 3), in-fol. 1er état.

1459. Godeau (Antoine), évêque de Vence, d'après Ardisson (L. 25).

1460. Le Boux (Guillaume), évêque, d'après Diou.

1461. Le Roy (le P. Bernard), religieux.

1462. Lorraine (Raymond-Béranger, prince de), abbé de Harcourt, d'après Le Febure, belle épreuve, 1er état, *laisse à désirer pour la conservation.*

1463. Luchiny (Paul), prieur-général.

1464. Harcourt (le comte d'), dit cadet à la perle (H. et R. 6).

LANGLOIS (J.), né à Paris en 1649.

1465. Trois portraits in-8. — 1. Arnauld (Antoine). — 2. Richelet. — 3. Bouthiller de Rancé, abbé de la Trappe.

1466. Deux portraits petit in-fol. — 1. Duval (Pierre), abbé. — 2. Ste Hélène (le P. Placide), religieux (L. 26).

1467. La Brunetière Du Plessis de Geste (Guillaume de), évêque de Saintonge, d'après Boulogne (H. et R. 3).

LANGLOIS (Pierre-Gabriel), dit l'aîné, né à Paris en 1754.

1468. Neuf portraits. — 1. J.-J. Barthélémy, gr. in-4. — 2. J. Garrel, abbé, in-4. — 3. Frédéric II, in-8. — 4. Marie-Élisabeth Joly, actrice, in-4. — 5. Pierre Ier, in-4. — 6. Le même, in-8. — 7. L'abbé Vertot, in-8; épreuve avant la lettre. — 8. Voltaire, in-4. — 9. Le même avant la lettre.

1469. Quatre portraits in-4. — 1. Fontenelle, d'après Voiriot; belle épreuve. — 2. Voltaire, d'après de La Tour. — 3. Même portrait, épreuve avant la lettre, *piquée.* — 4. Marie-Élisabeth Joly, actrice; épreuve avant la lettre.

LARMESSIN (P. de), né à Paris en 1640.

1470. Quatorze portraits in-4 tirés de l'Académie des Sciences,
de Bullart.

1471. Vingt-six portraits de personnages célèbres, in-4.   5 50

LARMESSIN (Nicolas de) le jeune, né à Paris en 1684.

1472. Deux portraits. — 1. Bion, mathématicien, in-8. —   5 50
2. Coustou (Guillaume), sculpteur, d'après J. de Lien
(L. 57), in-fol.; très-belle épreuve.

1473. Hallé (Claude), peintre, d'après Legros (L. 65), in-fol.;   8
belle épreuve; très-grandes marges

1474. Vleughels (Philippe), peintre, d'après Ph. de Champagne   4 50
(L. 76), in-fol.; belle épreuve.

LASNE (Michel), né à Caen en 1596.

1475. Quatre portraits. — 1. Anne d'Autriche, in-fol. —   11
2. Binet (Et.), jésuite, in-4 (L. 46). — 3. Callot (J.),
in-8 (L. 55); belle épreuve. — 4. Dominique de Jésus-
Maria, carme, in-4.

1476. Quatre portraits. — 1. De Gondy (J.-F.), archevêque de   4 75
Paris, in-8. — 2. Le Masle (Michel), in-8 (L. 131),
2° état. — 3. Le même, 3° état. — 4. Longueval (Ch.
de), comte de Buquoy, in-8.

1477. Six pièces. — 1. Marcassus (Pierre de), in-4 (L. 143). —   10
2. Moreau, médecin, in-4 (L. 155). — 3. Petau, jésuite,
in-8. — 4. Strozzi, poëte, in-4. — 5. Villeroy (Nicolas
de Neufville), in-8 (L. 159). — 6. Jeune homme étudiant
dans un livre (L. 221).

1478. Berdighem (H. de), gouverneur de Marseille (L. 42), in-fol.;   6
l'épreuve a été raccommodée.

1479. Chanvalon (François de), archevêque de Rouen, in-fol.;   6
petite piqûre de vers.

1480. Corneille (Pierre), L. 64, in-fol.   35

1481. Bailleul (Nicolas de), président (L. 32), in-fol.; épreuve
avant la lettre; la conservation laisse à désirer.

1482. Huit portraits, in-fol. — 1. Anne d'Autriche, d'après   5
Nocret (L. 98); laisse à désirer. — 2. Montaigne
(Joachim de), grand prieur de Toulouse (L. 153), in-4;
une piqûre de vers — 3. Regnauldin (Claude, conseiller
(L. 176). — 4 à 8. Cinq portraits divers, dont trois
tachés d'eau.

LAUGIER (J.-N.), né à Toulon en 1785.

1483. Mme. la baronne de Staël-Holstein, d'après F. Gerard (L. 18), in-fol.

LAUNAY (N. de), né à Paris en 1739.

1484. Neuf portraits. — 1. Son portrait, gravé par Huot. — 2. Raynal, d'après Cochin, in-4 (L. 13). — 3. Le même, réduit in-8. — 4. Necker, d'après Duplessis, in 4. — 5. Le même, réduit in-8. — 6. Bernard de Bonnard, in-8. — 7. Tressan, in-8. — 8. Étienne, duc de Choiseul, in-4 (L. 9). — 9. Le même, avant les quatre vers au bas.

1485. Douze petits portraits d'écrivains, avec marges. — 1. Charon. — 2. Fénelon. — 3. Fontenelle. — 4. Gessner. — 5. Milton. — 6. Montesquieu. — 7. Pascal. — 8. Piron. — 9. Reyrac. — 10. J.-B. Rousseau. — 11. Le Tasse. — 12. Voltaire; belle épreuve sur chine.

1486. Bignon (Armand-Jérôme), conseiller - d'état, d'après Drouais, in-fol.

1487. Oultremont (Ch.-Nic.-Alexandre d'), évêque, d'après Rhenasteine (L. 11), in-fol.

1488. Deux portraits gr. in-4. — 1. Raynal (Guillaume-Thomas), d'après Cochin (L. 13). — 2. De Troy (Jean-Baptiste-François), fils, peintre, d'après Aved (L. 14).

LAUNAY (R. de), né à Paris en 1754.

1489. Sept portraits. — 1. Albouy-Dazincourt, in-8. — 2. Le comte de Caylus, in-8 — 3. Clément XIV, in-8. — 4. Duchesnois (Joséphine), tragédienne, in-18. — 5. Faitpoult, préfet, in-18. — 6. Mme. de Graffigny, in-18. — 7. Mme. de Tencin, in-18.

LAURENT (P.), né à Marseille en 1739.

1490. Trois portraits in-4. — 1. Y. Guiot de Chenizot. — 2. Antoine Petit; *taché d'eau*. — 3. Louis Le Royer.

LEBAS (Jacques-Philippe), né à Paris en 1707.

1491. Trois portraits in-fol. — 1. Lorrain (Claude le), peintre, d'après Drouais (L. 168); belle épreuve, marge. —

2. Cazes (Pierre-Jacques), peintre, d'après Aved (L. 166). — 3. Orléans (Louis-Philippe, duc d'), d'après de l'Orme (L. 24).

LEBEAU (P.-A.), né à Paris en 1744.

1492. Quatorze portraits, rois de France, princes et princesses du sang. — 1. Louis XIV, d'après Queverdo, in-8, 1er état. — 2. Le même, 2e état. — 3. Louis XVI, in-8. — 4. Marie-Antoinette, d'après Lebeau, in-8 — 5. Marie-Antoinette, d'après Marillier, in-8. — 6. Louis, comte de Provence, Monsieur, d'après Van Loo, in-8. — 7. Le même, d'après Lebeau, in-8. — 8. Marie-Louise de Savoie, Madame, in-8. — 9. Marie-Adélaïde, Madame, sœur du Dauphin, in-8. — 10. Elisabeth-Philippe, sœur du Dauphin, in-8. — 11. La même, avec la tête plus petite, in-8. — 12. Louis-Philippe, duc d'Orléans, in-8. — 13. Marie-Thérèse, comtesse d'Artois, in-8. — 14. Louise-Marie-Thérèse, duchesse de Bourbon, in-8.

1493. Cinq portraits, rois et princes étrangers. — 1. Catherine II, in-8. — 2. Fréderic-Guillaume, prince de Prusse, in-8. — 3. Hyder Ally, in-8. — 4. Joseph II, empereur, in-8. — 5: Le même, d'après Falbe, in-8.

1494. Quatorze portraits d'hommes d'État, guerriers, etc. — 1. Duc de Broglie, in-8. — 2 Comte de Cossé, in-8. — 3. Déon de Beaumont (Ch.-Geneviève), in-8. — 4. La même, d'après Desrais, in-8. — 5. Juigné de Neuchelle, in-8. — 6. La Tour-d'Auvergne, comte d'Evreux, in-8. — 7. Lowendal (Waldemar). — 8. De la Martinière. — 9. Maupeou, in-8. — 10. Le même, d'après Marilly, in-8. — 11. Necker, in-8. — 12. Cardinal Richelieu, in-8 — 13. Maréchal de Saxe, in-8. — 14. Washington, in-8.

1495. Onze portraits d'écrivains, in-8. — 1. P. Bayle. — 2. Bossuet. — 3. De Belloy. — 4. Franklin. — 5. La Harpe. — 6. Montesquieu. — 7. Montaigne (Michel de). — 8. Le même, une autre gravure. — 9. Pucelle. — 10. Raynal. — 11. Voltaire.

1496. Quatre pièces. — 1 Jeune fille au corset, devant un miroir; in-8; épreuve sur chine, avant la lettre. — 2. Mlle. Desbrosses, actrice, in-8. — 3. Mme. Du Barry, in-8. — 4. Mlle. Dutey, in-8.

1497. Roxelane (Mme. Raucourt), d'après Dugour, in-fol.

LEMIRE (Noel), né à Rouen en 1724.

1498. Six portraits. — 1. Louis XVI, in-8. — 2. Le même, in-4, *taché d'eau dans la marge*. — 3-4-5. A. Piron, in-8 (L. 23), trois exemplaires. — 6. Jeanne-d'Arc, petite pièce,

1499. Sept petits portraits en médaillons. — 1. Catherine II. — 2. Fréderic II. — 3. Henri IV et Louis XV, très-petits médaillons. — 4. Henri IV présenté à Louis XVI. — 5. Joseph II. — 6. Louis XV. — 7. Pétrarque. — Deux titres du Decameron.

1500. Le général La Fayette, d'après N. Le Paon (L. 22), in-fol.

1501. Rousselet (Claude), abbé, d'après Robin (L. 26), in-fol.

LEMPEREUR (L.-S.), né à Paris en 1725.

1502. Dix portraits. — 1. Boccace, médaillon in-8. — 2. A. Bocciardi, in-4. — 3. Carolus-Em., roi de Sardaigne, in-8. — 4. Coppette, in-4 (L. 20), 1er état. — 5. Cayeux, in-4 (L. 19). — 6. Mme. Du Chastelet, gr. in-4. — 7. Guillaume V, 22e comte de Hollande, in-4. — 8. Le Comte (Marguerite), in-4. — 9. Lenut (Louis), in-4. — 10. Marcorelle (J.-F. de), in-4. — 11. Percenet, in-4. — 12. Watelet, in-4.

1503. Quatre portraits. — 1. Son portrait, d'après Trinquesse, gravé par lui-même, in-fol. — 2. Jeaurat (Etienne), peintre, d'après Roslin (L. 22), in-fol. — 3. Rolland (Barthélemy-Gabriel), président au Parlement, d'après Suvé, in-fol. — 4. Mme. Duchastelet, in-4.

LENFANT (Jean), né à Abbèville vers 1615.

1504. Auvergne (Jacob d'), professeur de langue arabe.

1505. Baudrand (Etienne), d'après Dieu.

1506. Camboust de Coislin (Pierre), cardinal, d'après Nanteuil (L. 20.) Très-belle épreuve avant le nom; elle a de la marge.

1507. Delaval (Henri), cardinal.

1508. Harlay (François de), archevêque de Rouen (L. 23.)

1509. La Mothe Houdancourt (Jacques de), d'après A. du Viert.

1510. Le Masle (Michel), d'après C. Lefébure (L. 28.) Epreuve du 1er état, grandes marges.

1511. Lemaitre (Gilles), seigneur de Ferrières (L. 36.)

1512. Le Maistre de Bellejame (Jérôme), magistrat.   6   25

1513. Lescot, chanoine de Notre-Dame. *(Le nom du personnage n'est pas indiqué).* Très-belle épreuve.   4   75

1514. Louis XIII et Louis XIV, deux médaillons fleurdélysés.   1 1

1515. Machault (Louis de), prieur de Saint-Pierre.

1516. Manessier (Charles), seigneur de Préville, conseiller du roi, gr. in-4. Belle épreuve, marge.   6   25

1517. Nesmond (Guillaume de), magistrat.   3

1518. Cinq portraits, in-fol. — 1. Guillaume Libor, intendant de la maison d'Elbœuf, et quatre autres portraits anonymes, in-fol.   9   25

Le Pautre (Pierre), travailla à Paris dans la première moitié du xviii° siècle.

1519. Louis XIV. Statue élevée à la mémoire de Louis-le-Grand, par le conseil municipal de la ville de Paris en 1689. Coysevox, sculpteur, avec médaillons et 50 bas-reliefs sur 4 colonnes, très-gr. in-fol. (L. 1.) *Rare.*   15   50

1520. Louis XIV. Statue équestre entourée de personnages défilant. Provient de la collection de Louis-Philippe.   3   50

Lépicié (B.), né à Paris en 1698.

1521. Cinq pièces. — 1. Molière, d'après Coypel, in-4. (L. 26.) — 2. 3. 4. Trois portraits de la collection d'Odieuvre. — 5. Frontispice du recueil des portraits des rois de France.   4   50

1522. Deux portraits, in-fol. — 1. Bertin (Nicolas), peintre, d'après de Lien (L. 18.) Belle épreuve. — 2. Boullogne (Louis), peintre, d'après Rigaud (L. 20.)   4

1523. Deux portraits, in-fol. — Desmares (Charlotte), actrice, d'après Coypel (L. 23.) — 2 Dufresne (Catherine de Seine, femme), actrice, d'après Aved (L. 24.)   8   50

1524. Orry (Philippe), contrôleur général des finances, d'après Rigaud (L. 27.) 2° état.

1525. Richer de Rodes de la Morlière (Charles), d'après La Tour (L. 28.) Très-belle épreuve.   7

1526. Watteau (Antoine), peintre, d'après lui-même (L. 30.)   4   75

LÉPICIÉ (R.-E. Marlié, femme), décédée en 1752.

1527. Cinq portraits de la collection d'Odieuvre; bonnes épreuves.

LEVASSEUR (Jean-Charles), né à Abbeville en 1734.

1528. Cinq portraits de la galerie française. — 1. Le comte d'Argenson. — 2. L'abbé d'Olivet. — 3. Restout. — 4. Mme de Graffigny, gravé par Lévêque. — 5. Gilbert des Voisins, idem.

LEU (Thomas de), né à Paris en 1562.

1529. Argentré (Effigies-Bertrand), 1604. in-4. (L. 149.) Elle a de la marge.

1530. Biron (Charles de Gontaut de), in-4. (L. 159.) 2e état.

1531. Bourbon (Henri prince de Condé), petit in-4. (L. 163.)

1532. Caron (Antonius), pet. in-8. (L. 169.) Très-belle épreuve.

1533. Henri IV, in-4. (L. 194.)

1534. Gondy (Pierre de), petit in-8. (L. 209.)

1534 bis. Habicot, in-8.

1535. Philippe-Emmanuel de Lorraine, in-4. (L. 228.)

1536. Murat (Anthonius), in-4. (L. 237.) Belle épreuve.

1537. Hanry de Savoie, duc de Nemours (L. 238.)

1538. Saint-Germain (Denis de), petit in-fol. (L. 242.) Belle épreuve.

1539. Scudalupis (Don Pétrus Arlensis), in-8. (L. 244.)

1540. Servin (Me Louis), in-4. (L. 245.) 2e état.

1541. Le même avant le nom en haut (L. 245.) 1er état

1542. Deux portraits. — 1. S. Carolus Magnus, gr. in-4. — 2. Fauchet (Claude), in-4. Doublée, rare.

1543. Seize portraits divers. Epreuves médiocres.

1544. Six portraits de la collection d'Odieuvre.

LEVY (Gustave).

1545. P. J. de Béranger, chansonnier, d'après Sandoz. Très-belle épreuve.

LIGNON (Étienne-Frédéric), né à Paris en 1781.

1546. La Vierge aux Cerises, d'après Douven (L. 1.) Epreuve avant la lettre.

LINGÉE (Charles-Louis), né à Paris en 1741.

1547. Raucourt (Mlle), dans le rôle de Monime, d'après Freudenberg et Moreau (L. 2.) 3e état.

LINGÉE (Th.-E., femme), née à Paris en 1753.

1548. Deux portraits, in-fol. — 1. Lenoir (J.-Ch.-P.), lieutenant-général de police, d'après Pujos (L. 6.) — 2. Un petit garçon à la croisée cherchant à attraper une bulle de savon, d'après Netscher (L. 17.) Epreuve avant la lettre.

1549. Quatre portraits. — 1. Colardeau, in-4. Epreuve en bistre (L. 4.) — 2. Marchand, avocat, in-4. (L. 8.) — 3. Trumeau de la Consy, in-4. (L. 9.) — 4. Le Tourneur, in-4. Epreuve avant la lettre.

1550. Sept portraits. — 1. N. Beaujon, in-4. — 2. L.-D. de Joannis, in-4. — 3. Le même avant la lettre, in-4. — 4. Maloët, in-4. — 5. Ant. Petin, in-4. — 6. La marquise de Villette, in-4. — 7. Le même avant la lettre.

1551. Treize petits portraits. — Dix petits portraits en médaillons publiés par la société des Enfants d'Aplolon. — 11. Canevas (J.-B.), petit médaillon. — 12. Chenard Epreuve avant la lettre. — 13. Gaurier.

LITTRET (A.-A.), né à Paris en 1735.

1552. Huit portraits. — 1. De Belloy, in-8. (L. 5.) — 2. Favart, in-8. (L. 6.) — 3. Henault (Ch.-J.-F.), in-4. (L. 9.) — 4. Sartines (M. de), in-4. (L. 13.) L'épreuve est doublée. — 5. Sauve de La Noue, in-8. (L. 14.) — 6. Montesquieu, in-4. — 7. Comte de Caylus, in-4. — 8. Le Kain, in-4. Sale.

1553. Six petits portraits in-12. — 1. Ariosto. — 2. Corsini. — 3. Dante. — 4. Fortiguera. — 5. Machiavel. — 6. Poulain de Saint-Foix.

1554. Deux pièces, in-4. — 1. Sartines (M. de), lieutenant de police, d'après Vigée (L. 13.) — 2. Le comte de Caylus, dans un médaillon.

LIVE DE JULLY (A.-L. de), amateur, né en 1725.

1555. Lalive de Bellegarde (Louis-Dionis), L. 1, in-fol.

LOCHON (Michel Van), vivait à Paris au XVIIᵉ siècle.

1556. Louis, cardinal de la Valette, in-12. Belle épreuve.

LOCHON (Réné), né à Boissy en 1636.

1557. Deux portraits, in-fol. — 1. Beaumont (Hardouin de Péréfixe de), archevêque de Paris, d'après Ph. de Champagne. — 2. Harlay (François de), archevêque, d'après Loyr.

1558. Deux portraits, in-fol. — 1. Le Gros, évêque de Soissons, d'après Blondeau. — 2. Lejeune (le P. Paul), jésuite.

1559. Le Prestre (Claude), conseiller du roi, in-fol. Très-belle épreuve.

1560. Trois portraits, in-fol. — 1. Lesseville (Eustache de), évêque, d'après J. Dieu (L. 18.) — 2. Talon, avocat. — 3. Viallart (Félix), évêque de Soissons.

LOIR (Alexis), né en 1640.

1561. Deux portraits, in-fol. — 1. La Rivière (Mathias Poncet de), conseiller du roi. Belle épreuve. — 2. Secousse (Jean-Léonard), la main sur la poitrine, d'après Rigaud (L. 27.)

LOMBARD (Pierre), né à Paris vers 1613.

1562. Deux portraits, in fol. — 1. Grammont (Antoine duc de), maréchal de France, d'après Vaillant (H. R. 11. — 2. Chassebras de la Grandmaison (L. 23.)

1563. Trois portraits, in-fol. — 1. Dalloeus (Jean), d'après Vaillant (L. 37.) — 2. Pétau (Paul, d'après Questel (L. 42.) — 3. Amyraldus, d'après Ph. de Champagne (L. 19.)

LONGUEIL (J. de), né à Lille en 1736.

1564. Deux portraits. — 1. Gaspard Moïse de Fontanieu, in-4. — 2. Arnaud d'Ossat, in-8.

LORICHON (C.), né à Paris en 1800.

1565. Arnauld d'Andilly, médaillon, in-4, avant la lettre.

LORRAINE (J.-B. de), né à Paris en 1737.

1566. Quatre portraits de la galerie française, in-4. — 1. Le
comte de Caylus. — 2. Le maréchal d'Estrées. —
3. Louis XIII. — 4. L'abbé Aubert.

LUBIN (Jacques), né à Paris en 1687.

1567. Six portraits pour les Hommes illustres de Perrault. —
1. Andilly (Robert-Arnault d'), (H. R. 2.) — 2. Ballin
(Claude), orfèvre (L. 2.) — 3. Balzac, membre de l'A-
cadémie. — 4. Camus (Jean-Pierre), évêque de Bellay
(L. 5.) — 5. Colbert (J.-B.), ministre (L. 6.) — 6. Descartes (René).

1568. Six portraits pour le même ouvrage. — 1. Gassendi
(Pierre). — 2. Godeau (Antoine), évêque de Vence. —
3. Jeannin (le Président) (L. 8). — 4. La Mothe le Vayer
(François de). — 5. Le Brun (Charles), peintre (L. 10).
— 6. Le Maitre (Antoine), avocat.

1569. Six portraits pour le même ouvrage. — 1. Malherbe (François). — 2. Masson Papire, avocat (L. 11). — 3. Morin
(Jean), père de l'Oratoire. — 4. Pagan (Blaise-François
comte de), général. — 5. Peiresc (Nicolas-Claude de
Fabri de) (L. 13.) — 6. Petau (Denis), jésuite.

1570. Sept portraits pour le même ouvrage. — 1. Sarrazin
(Jean-François). — 2. Seguier (Pierre), chancelier de
France (L. 14.) — 3. Senault (Jean-François), général
de l'Oratoire. — 4. Sirmond (Jacques), jésuite. —
5. Spende (Henri de), évêque de Pamiers. — 6. Thou
(le président de). — 7. Turenne (le vicomte).

1571. Sept portraits de la même collection.

MACRET (Ch.-F.), né à Abbeville en 1752.

1572. Sept pièces. — 1. Degravers, oculiste, in-4. — 2. Destouches, in-8. — 3. Homère, in-8. — 4. J. de La
Fontaine, petit in-8. — 5. Joseph Le Gros, in 4. —
6. Regnard, in-18. — 7. Contentement passe richesse,
d'après Binder, dédié à Wille, in-4.

MALŒUVRE (Pierre), né à Paris en 1740.

1573. Deux portraits de la galerie française. — 1. D'Aguesseau,
chancelier de France (L. 5). — 2. Belidor (Henri-
François de).

MAILLET (C.-F.), trav. à Paris en 1787 et 1786.

1574. Miller, de la Société royale de Londres (L. 2.), in-4.

MARAIS (J.-B.), né vers 1768.

1575. Trois portraits in-4. — 1. 2. Basan (Pierre-François), graveur, terminé par Massard (L. 9); deux exemplaires. — 3. Miéris (Frans Van), peintre, jouant de la guitare, d'après lui-même (L. 10).

MARCENAY DE GHUY (Antoine de), amateur, né à Arnay-sur-Aron en 1722.

1576. Trois portraits in-8. — 1. Jeanne d'Arc, in-8 (L. 5). — 2. Marc Pet. de Voyer de Paulmy, comte d'Argenson, d'après Nutier, in-8. (L. 6). — 3. Le même portrait avec grandes marges.

1577. Trois portraits. — 1. Charles V, dit le Sage, d'après N., in-8. (L. 11.), marge. — 2. Charles VII, dit le Victo-rieux, d'après N., in-8. (L. 12). — 3. Van Dyck, peintre, d'après lui-même, in-8.

1578. Van Dyck, d'après lui-même, très-belle épreuve; noms à la pointe, portant le N° 19, marge.

1579. Deux portraits. — 1. Henry le Grand, in-8 (L. 13). — 2. Le même personnage, avec marge, d'après Jannet.

1580. Trois portraits. — 1. Michel de L'Hôpital, in-8 (L. 14). — 2. Le général Paoli, buste dans un ovale, in-12. (L. 18). — 3. Stanislas Auguste, roi de Pologne, in-8 (L. 20).

1581. Portrait de Rembrandt, d'après lui-même; eau-forte, in-4 (L. 22.), marge.

1582. Portrait de Tintoret, d'après lui-même; eau-forte, in-4. (L. 23).

1583. Deux portraits. — 1. B. G. Sage, chimiste, in-8 (L. 24). Très-taché. — 2. Le même personnage, avec marge.

1584. Trois portraits. — 1. Le Prince Eugène, duc de Savoye, d'après Kopeski, in-8. (L. 25). — 2. Maximilien de Béthune, duc de Sully, d'après Porbus, in-8 (L. 27). — 3. Le même personnage, belle épreuve avec marge.

1585. Trois portraits. — 1. Le Président de Thou, d'après Ferdinand, in-8 (L. 28.), épreuve avec marge, mais un peu piquée. — 2. Le vicomte de Turenne, d'après Champagne, in-8 (L. 29), très-belle épreuve avant le ciel. — 3. Le Maréchal de Villars, d'après Rigaud, in-8 (L. 30), belle épreuve avec marge.

1586. Quatre pièces. — 1. La Dame aux perles, d'après Rembrandt, in-8 (L. 36). — 2. Le vieillard à la toque, d'après le même (L. 37), et deux autres têtes de vieillard (eaux-fortes).

1587. Son portrait, d'après lui, eau-forte non terminée (L. 16), in-fol.

1588. Deux portraits in-fol. — 1. Berghe (Henri, comte de), Conseiller d'État de S. M. Philippe III, d'après Van Dyck (L. 9). — 2. Gerlans (Le Goux de), homme de lettres (L. 15), 2ᵉ état.

1589. Trois pièces. — 1. Tintoret (Jacopoto Robusti, dit le), peintre, d'après lui-même (L. 23). — 2. Deux portraits, d'après Rembrandt. — 3. La fleuriste, d'après G. Dow (L. 46), in-fol.

MARIETTE (J.), né à Paris en 1654.

1590. Vingt-une pièces. — 1. Anne de Meleun, in-8, *piqué.* — 2. Henry II, roi de France, in-8. — 3. Dix-neuf pièces in-4. Tombeaux, épitaphes, blasons, attributs, etc.

D'après **MARILLIER**.

1591. Deux portraits. — 1. Henri IV, gravé par Duhamel, in-4. — 2. Catherine II, gravé par Pauquet, in-4.

MARTENASI (P.), élève de Le Bas.

1592. Deux pièces. — 1. Jeaurat, peintre, in-4 (L. 6). — 2. Un portrait médaillon, d'après Lens, in-8.

MASQUELIER (L.-J.), né à Cysoing en 1744.

1593. Cinq portraits. — 1. J.-B. de Laborde, in-8. — 2. J.-B. de Grignan, in-8. — 3. J.-A. Le Rouge, chimiste, in-8. — 4. Pythagore, in-8, en travers (L. 22). — 5. Rameau, in-8, en travers (L. 23).

MASSARD (J.-B.), né à Bellesme en 1740.

1594. Six portraits. — 1. Basan (P.-Fr.), d'après Cochin, gravé par Marais et terminé par Massard, in-4 (L. 9). — 2. Le même, l'eau-forte seulement avec des observations au crayon qui pourraient être de Cochin. — 3. Frédéric le Grand, in-4. — 4. Louis-Auguste, dauphin de France, pet. méd. — 5. H. Gravelot, in-4. — 6. J.-J. Olier, curé de Saint-Sulpice, in-8.

5 25 1595. La famille de Charles 1er, roi d'Angleterre, d'après Van
Dyck (L. 46), in-fol.; belle épreuve, grandes marges,
a été pliée.

MASSARD fils (J.-B.), né à Paris en 1775.

2 50 1596. Trois portraits. — 1. Lafayette, in-8. — 2. Leclerc de
Juigné, archevêque de Paris, in-8. — 3. Louis XVI,
in-8, *taché.*

1 1597. Nicolas de Livry, évêque de Callinique (H. R. 3), in-fol.

MASSÉ (J.-B.), né le 29 décembre 1687.

5 75 1598. Coypel (Antoine de), peintre, d'après lui-même (L. 2).

MASSON (Antoine), peintre et graveur, né à Louvry,
près d'Orléans, en 1636.

5 50 1599. Portrait de l'artiste, d'après P. Mignard (R. D. 1), belle
épreuve. Le nom de Mignard à gauche, a été effacé.

3 1600. Le même portrait, *épreuve tachée.*

4 1601. Abelly (Louis), évêque de Rodez (R. D. 8), belle épreuve.

2 25 1602. Le même personnage (R. D. 9), 2e état; ce morceau n'est
pas terminé.

12 1603. Bouillon (Emmanuel-Théodose de la Tour d'Auvergne,
duc d'Albret, cardinal de) (R. D. 14), 2e état, belle
épreuve.

5 75 1604. Le même portrait, *épreuve un peu tachée.*

9 25 1605. Brisacier (Guillaume de), secrétaire de la reine (R. D. 15),
4e état.

6 50 1606. Charrier (Gaspard), lieutenant-criminel au présidial de
Lyon (R. D. 16), 3e état, belle épreuve.

4 25 1607. Chevreuse (Charles-Honoré d'Albert, duc de) (R. D. 17),
3e état, elle a de grandes marges.

2 1 1608. Cureau de la Chambre (Marin), médecin (R. D. 24), un
des chefs-d'œuvre du Maître, épreuve du 1er état, avec
grandes marges.

4 75 1609. Le même portrait, épreuve du 3e état.

8 50 1610. Dupuis (Pierre), peintre de fleurs (R. D. 25), belle épreuve,
elle a un peu de marge.

1611. Forbin de Janson (Toussaint), évêque (R. D. 27), belle épreuve.

1612. Frédéric-Guillaume, dit le Grand, électeur de Brandebourg (R. D. 30), belle épreuve avec marge, *rare*.

1613. Guise (Marie de Lorraine, duchesse de), princesse de Joinville (R. D. 32), rare et belle épreuve du 3e état, *avant le lapin à la suite du mot pinxit.*

1614. Le même portrait, épreuve du 5e état avec de grandes marges.

1615. Harcourt (Henri de Lorraine), grand écuyer de France (R. D. 34), pièce connue sous le nom de *Cadet à la perle. Chef-d'œuvre du Maître.*

1616. Housset (Claude du), marquis de Trichaleau, chancelier du duc d'Orléans.

1617. Louis XIV, la tête couverte d'un chapeau (R. D. 45) 2e état. *Condition médiocre.*

1618. Marin de la Chataigneraye (Denis), secrétaire du roi (R. D. 50), 2e état, belle épreuve.

1619. Nicolaï (Nicolas de), président de la Chambre des comptes (R. D. 54), 2e état, belle épreuve.

1620. Nostre (André le), contrôleur général des bâtiments (R. D. 55), 5e état, elle a de la marge, *tachée.*

1621. Orléans (Philippe de France, duc d'), second fils de Louis XIII (R. D. 57). *Condition médiocre.*

1622. Ormesson (Ollivier Lefèvre d'), Conseiller au parlement de Paris (R. D. 58), 2e état, belle pièce.

1623. Patin (Charles), médecin (R. D. 60).

1624. Le même portrait avec le nom et 4 vers au bas.

1625. Péréfixe (Hardouin de Beaumont de), archevêque de Paris (R. D. 61), belle épreuve du 1er état.

1626. Pussort (Henri de), Conseiller d'Etat (R. D. 62).

1627. Turgot de Saint-Clair (Antoine), maître des requêtes (R. D. 66), belle épreuve.

1628. Vendôme (Louis, duc de), petit fils de Henri IV (R. D. 67), belle épreuve, un peu *tachée.*

1629. J.-B. Colbert, médaillon attribué à Masson (2 exempl.).

MAUTORT (De), travailla à Sens vers le milieu du XVIIIe siècle.

1630. La vieille inquiète, d'après Schacken (L).

MELLAN (Claude), né à Abbeville en 1601.

1631. Cinq portraits. — 1. Anne-Marie Vasani, in-fol. (L. 268), épreuve du 1er état. — 2. Le même personnage, 2e état. — 3. Balzacius (Lud.), in-4 (L. 186). — 4. Verdun (M. de), président, (L. 270).—5. R. P. Joseph, capucin, in-8 (L. 223).

1632. Vingt-deux portraits de la collection d'Odieuvre.

1633. Son portrait (L. 233), in-4.

1634. La Sainte-Face (L. 32), gr. in-fol.

1635. St.-François en prières dans une grotte (L. 65), 2e état. Belle pièce, grandes marges.

1636. Quatre portraits in-4. — 1. Bentivoglio (Guido), cardinal (190).— 2. Camus (Pierre), évêque de Belley (199). — 3. Favre (Charles), prêtre. — 4. Gassendi (Pierre), L. 213.

1637. Habert (Henri-Louis de Montmor), L. 216, in-fol. Très belle épreuve.

1638. Justinianus (Vincentius), L. 222, belle épreuve, très-grandes marges.

1639. Deux portraits pet. in-fol. — 1. Marolles (Michel de), abbé de Villeloin (L. 230). — 2. Le même portrait extrait des œuvres de Virgile.

1640. Mazarin (le cardinal), L. 231, 1er état.

1641. Peiresc (Nicolas-Claude-Fabrice de), L. 242, 1er état, très-beau portrait.

1642. Louise-Marie de Gonzague, reine de Pologne (L. 252).

1643. Servien (Abel de), marquis de Sablé (L. 261).

1644. Urbain VIII, pape (L. 266).

MICHEL (J.-B.), né à Paris en 1748.

1645. Deux portraits in-4. — 1. Gresham (Sir Thomas). — 2. Teniers, d'après lui-même (L. 28). Fort taché.

MIGER (S.-Ch.), né à Nemours en 1736.

Les numéros indiqués sont ceux de son œuvre par Bellier de la Chavignerie.

1646. Douze portraits in-4, médaillons circulaires. — 1. Maurice de Brülh (B. 202). — 2. Joseph Caillot, comédien (B. 204). — 3. Une deuxième épreuve du même. — 4. Cars (Laurent), B. 206. — 5. Dortous de Mairan,

(B. 217). — 6. Fontanien (P.-E. de), B. 220. — 7. Hume, (David), B. 229, avant les mots : historien célèbre. — 8. Lacroix (A. de), B. 230. — 9. Moiron, curé de St.-Gendoulph (B. 260). — 10. Philip (Joseph), B. 268. — 11. Rigoley de Juvigny (B. 275), 1er état. — 12. Le même personnage, épreuve du 2e état.

1647. Douze portraits divers. — 1. Son portrait gravé par Regim (*nom du graveur renversé*), in-4, (B. 259). — 2. Buchan (G.), médecin, in-8, (B. 203). — 3. Charles (J.-A.-C.), physicien, in-4, (B. 208), (*avant les lettres A. P. D. R.*). — 4. Delacroix (J.-F.), député, in-4 (B. 214). — 5. Geoffrin (Mme), in-4 (B. 222), avant la lettre. — 6. Guichard (L.), in-8 (B. 225). — 7. La Houssaye (P.), violoniste. in-8 (B. 232). — 8. La Mothe Le Vayer, in-4 (B. 233), 1er état. — 9. Le même personnage, épreuve du 2e état. — 10. Miéris (François Van), in-4 (B. 258). — 11. De Sartines, in-4 (B. 279). — 12. Voltaire, in-4 (B. 293).

1648. Douze petits médaillons - circulaires avec marges. — 1. Bagge (E. Baron), B. 183. — 2. Cardon (J.-B.), 205. — 3. Charpentier (J.-J.), B. 209. — 4. Cousineau (J.G.), B. 211. — 5. Fieux (chevalier de Mouy), B. 262. — 6. Laruette (J.-H.), B. 234. — 7. Lefroid de Méreaux, (B. 237), avant la lettre. — 8. Perignon, (B. 627). — 9. Punto (J.), 270. — 10. Renori (A.), 274. — 11. Roze (N.), B. 278. — 12. Treyer (J.), B. 285.

1649. Douze portraits in-4 de l'histoire de la maison de Bourbon.

MIGER (Simon-Charles), né à Paris en 1747.

1650. Deux pièces. — 1. Bailly, maire de Paris, d'après Boizot, in-4. — 2. Mausolée de Maupertuis, dans l'église de St.-Roch de Paris, d'après D. Huez (L. 43), gr. in-fol.

1651. Cinq portraits de la galerie française. — 1. Loo (Carle Van), d'après lui-même (L. 29). — 2. Marivaux, auteur dramatique. — 3. Pannard (Ch.-Franç.), auteur dramatique (L. 32). — 4. Racine (Louis), poète, d'après Aved. — 5. Servandoni, architecte.

MOITTE (P.-E.), né à Paris en 1722.

1652. Cinq portraits in-4, d'après Cochin, médaillons. — 1. La Chalotais (L. 13). — 2. Cliquot-Blervache. — 3. Clicot de Clerval. — 4. Moreau (J.-N.), L. 20. — 5. Sorbet (C.-L.), L. 23.

1653. Quatre portraits. — 1. Aranda (comte d'), pet. in-fol. (L. 12), *taché*. — 2. Falconet, d'après Cochin, in-4. — 3. Henri, duc de Rohan, p. p. (L. 22). — 4. Vieilleville (F. de Scepeaux).

1654. Duhamel (Henri-Louis), inspecteur de la Marine, d'après Drouais fils, in-fol., grandes marges, *taché d'eau*.

1655. Chauvelin (Henry-Philippe), conseiller au parlement, d'après Roslin. — 2. Restout (Jean), peintre, d'après de La Tour (L. 21).

1656. Quatre portraits de la galerie française. — 1. Crébillon, d'après de La Tour. — 2. Henri IV, d'après Lépicié. — 3. Stanislas Leczinski. — 4. L. Racine.

1657. Restout (J.), peintre, d'après La Tour, in-fol., belle épreuve.

MONCORNET (Balthasar), né à Rouen en 1658.

1658. Quinze portraits in-4. — 1. Jean-Louis, comte d'Abisolani. — 2. Alphonse Cardinal. — 3. Amélie, comtesse de Nassau. — 4. François de Andrada. — 5. Anne d'Autriche, reine de France. — 6. Nicolas de Bailleul. — 7. François de Vendôme, duc de Beaufort. — 8. Royé de Bellegarde. — 9. Gabriel Bethlen. — 10. Lelio Blancatcio. — 11. Anne de Bourbon. — 12. Pierre de Broussel. — 13. Christianus, duc de Brunswick. — 14. Ch. de Longueval, comte de Buquoy. — 15. Ch.-Albert de Longueval, comte de Buquoy.

1659. Douze portraits in-4. — 1. N.-P.-Innocent de Calatayerone, capucin. — 2. Claude Chabot. — 3. Charles Iᵉʳ, roi d'Angleterre. — 4. Charles, duc de Cornouaille. — 5. Charles-Louis, comte Palatin. — 6. Fabius Chisius. — 7. Christian, roi de Danemark. — 8. Cambout, marquis de Coislin. — 9. Adrian Clant. — 10. Aloisius Contarenus. — 11. Armand de Bourbon, prince de Conty. — 12. J. Cujas.

1660. Vingt-trois portraits in-4. — 1. Jean Dult. — 2. Baron d'Enquenfort, très-belle épreuve. — 3. F. Donia. — Émine, sultane. — 5. Farnèse, duc de Parme. — 6. Ferdinand II, empereur. — 7. La femme de Ferdinand II. — 8. Ferdinand III. — 9. Franciscus, cardinal. — 10. François-Guillaume, évesque. — 11. Frédéric, roi de Bohême. — 12. Albert, duc de Finlande. — 13. Mathias, comte de Gallas. — 14. De Gaston, maréchal. — 15. Bertold de Gent. — 16. J.-F. de Gondy.

—17. J.-F.-P. de Gondy. — 18. Armand de Gontault.
—19. Charles de Gonzague.—20. Philippe de Gorrevod.
— 21. Louis, duc de Gueldre. — 22. Henri de Gue-
négaud. — 23. Henry de Lorraine ; duc de Guise.

1661. Vingt-deux portraits in-4. — 1. Henriette-Marie, reine
d'Angleterre. — 2. Hugues-Frédéric. — 3. Jean-sans-
peur, belle épreuve. — 4. Jeanne d'Arragon.—5. Jeanne
d'Arc. — 6. Abraham Keiser, belle épreuve.—7. Hugue,
comte de Kratz. — 8. Ch. Kresse. — 9. Guillaume,
baron de Lambóy. — 10. Charles de Laporte. — 11.
L'abbé de La Rivière. — 12. La Rochefoucaut, cardinal.
— 13. Henry de Foix de Lavalette. — 14. Gusman,
marquis de Leganes. — 15. Nicolas le Jay, chevalier.
— 16. Henry Corneil Lonck, amiral. — 17. René de
Longueil. —18. Lotharius, évêque. — 19. Louis XIII.
20. 21. 22. Trois portraits différents de Louis XIV.

1662. Dix-huit portraits in-4. — 1. Marguerite d'Autriche. —
2. Marie d'Autriche. — 3. Madame Marie, princesse de
la Grande-Bretagne. — 4. Marie-Eléonore, royne de
Suède. — 5. Maximilien d'Autriche. — 6-7. Mazarin
(Cardinal), 2 exempl. — 8. A. de la Porte, marquis de
la Meilleraie. — 9. François de Mello. — 16 Henry de
Mesmes. — 11-12. Mathieu Molé, 2 exempl. — 13. Philippe de Nassau. — 14. Guillaume de Nassau. — 15.
Guillaume, comté de Nassau. — 16. Le même, une autre
gravure. — 17. Renutus Nassius. — 18. François,
comte de Nerli.

1663. Vingt-trois portraits in-4. — 1. Gaston, duc d'Orléans.—
2. Philippe IV. — 3. Gaspard, comte de Pignoranda.—
4. Pie V. — 5. J.-E. Pistorius. — 6. Porphyre. —
7. François, sire de Rambures. — 8 Le même, autre
gravure. — 9. Autre gravure du même. — 10. Raoul,
roi de France. — 11. Godarde de Reede. — 12. N.-G.
de Reigersberg.— 13. J.-B. de Sainctot. — 14. Victor-
Amédée, duc de Savoye. — 15. Jean-Casimir, duc de
Saxe. — 16. Bernhard, duc de Saxe. — 17. François de
Seve. — 18. A. Spinola. — 19. Frédéric Sforce. —
20. Sibile de Seve. — 21. Robert Sorbon. — 22-23.
Louis de Bourbon, comte de Soissons; 2 exempl. —
24. Thomas, comte de Strafford. — 25. Surrenden.

1664. Quatorze portraits in-8. — 1. G.-C. de Taupadel. —
2. J.-J. de Todenwar. — 3. Victoire de la Rouvre,
duchesse de Toscane. — 4. Maximilien, comte de

Trautmandorff. — 5. Fr. Th. de Trebiane, capucin. —
6. M.-H. Tromp, amiral. — 7. De Tubeuf. — 8. F. La
Tour d'Auvergne. — 9. H. La Tour d'Auvergne. —
10. Urbain VIII. — 11. P.-J. des Ursins. — 12. Pierre
de Weims. — 13. J. Ulterus. — 14. Wolfgangus Wilhelmus.

1665. Douze pièces diverses.

1666. Vingt-cinq portraits divers in-4. *Lavés.*

1667. Six portraits remontés sur une seule feuille. — 1. Le président Deshameaux (L. 82). — 2. Victor Le Bouthillier,
archevêque de Tours. — 3. Le R. P. Marin Mersenne.
— 4. François Veron. — Armand de Bourbon, prince
de Condé. — 6. Jacques-Auguste de Thou.

MOREAU (L.), né à Paris en 1712.

1668. Charles de Gondy, in-4 (L. 6); belle épreuve, marge.

MOREAU le Jeune, graveur et dessinateur, né à Paris
en 1744.

1669. Huit pièces. — 1. J.-B. de Laborde, in-4. *Taché.* —
2. Le même portrait, épreuve avec grandes marges. —
3. Le même portrait, eau-forte. — 4. Grétry, in-4. —
5. Le même portrait, eau-forte. — 6. Pineau, sculpteur; in-12 (L. 63). — 7. Louis-Auguste, dauphin de
France; in-12. — 8. Nau Deville, d'après Moreau, gravé
par Mme Lingée.

MONTAGNE ou **DE PLATE-MONTAGNE** (Michel), né à
Anvers en 1600.

1670. Deux portraits in-fol. — 1. Bérulle (Pierre), cardinal,
d'après Ph. de Champagne (R. D. 20). — 2. O'Moloy
(Roger), prêtre irlandais, d'après B. de Champagne
(R. D. 28).

MORIN (Jean), né à Paris au commencement du
XVIIe siècle.

1671. Arnauld d'Andilly (Robert), conseiller du roi (R. D. 42);
marge.

1672. Berthier (Pierre), évêque de Montauban (R. D. 44);
2e état.

1673. Bourbon Conti (Armand de), abbé de St.-Denis (R. D.
47); 2e état.

1674. Brachelet de la Milletière (Théophile), R. D. 48).

1675. Camus (Jean-Pierre), évêque de Bellay (R. D. 49); belle épreuve.

1676. Chrystin (N.), banquier à Anvers (R. D. 51); belle épreuve : elle a de la marge.

1677. Franck (Jérôme), peintre (R. D. 52), 2ᵉ état; *un peu taché.*

1678. Gesvres (François Potier, marquis de), maréchal de France (R. 2. 53); belle épreuve avec de la marge.

1679. Grimberge (Honorine Bossu, comtesse de), R. D. 56; belle épreuve du 1ᵉʳ état.

1680. Guise (Henri de Lorraine, duc de), comte d'Eu (R. D. 57); belle épreuve; elle a de la marge.

1681. Harcourt (Henri de Lorraine, comte d'), grand écuyer de France (R. D. 58); grandes marges.

1682. Jansenius (Corneille), évêque d'Ypres (R. D. 61); belle épreuve du 1ᵉʳ état.

1683. Lemon (Marguerite), maîtresse d'Ant. Van Dyck (R. D. 62), 2ᵉ état; *fort taché.*

1684. Louis XI, roi de France (R. D. 63); 2ᵒ état.

1685. Maisons (René de Longueil, seigneur de), président à mortier (R. D. 65); très-grandes marges.

1686. Marillac (Michel de), Garde-des-Sceaux (R. D. 66); grandes marges.

1687. Maugis des Granges (Pierre), R. D. 67; belle épreuve; *laissé à désirer pour la conservation.*

1688. Richelieu (Armand du Plessis, cardinal), ministre (R. D. 72); *laissé à désirer pour la conservation.*

1689. Talon (Omer), avocat-général au Parlement de Paris (R. D. 74); belle épreuve du 2ᵉ état.

1690. Thou (Augustin de), premier du nom (R. D. 77); belle épreuve.

1691. Thou (Christophe de), premier président (R. D. 78); très-belle épreuve.

1692. Tubœuf (Jacques), conseiller du roi (R. D. 80); belle épreuve.

1693. Valois (Charles de), duc d'Angoulême (R. D. 81); très-grandes marges

1694. Verger de Hauranne (Jean du), abbé de Saint-Cyran (R. D. 83).

1695. Villemontée (François de), conseiller-d'état (R. D. 86); belle épreuve avec de grandes marges.

1696. Villeroy (Nicolas de Neufville, marquis de), maréchal de France (R. D. 87); très-grandes marges.

NANTEUIL (Robert), né à Reims en 1630.

1697. Amelot (Jacques), premier président de la cour des aides (R. D. 19).

1698. Amelot (Michel), archevêque de Tours (R. D. 20), belle épreuve du 3e état avec de grandes marges.

1699. Anne d'Autriche, reine de France (R. D. 22); belle épreuve du 3e état.

1700. Aubray (Dreux d'), lieutenant civil au Châtelet de Paris (R. D. 25).

1701. Auvry (Claude), évêque de Coutances, trésorier de la Sainte-Chapelle (R. D. 26), très-belle épreuve du 1er état.

1702. Bailleul (Louis de), président à mortier au Parlement de Paris (R. D. 27).

1703. Barberin (Antoine), cardinal, archevêque de Reims (R. D. 28).

1704. Le même personnage (R. D. 29), 2e état, belle épreuve.

1705. Le même personnage (R. D. 30), très-belle épreuve.

1706. Barillon de Morangis (Antoine), conseiller-d'État, intendant des finances (R. D. 31), belle épreuve.

1707. Bartillac (Étienne-Jehannot de), garde du trésor royal (R. D. 32), 1er état, belle épreuve, *légèrement tachée.*

1708. Beaumanoir de Lavardin (Philibert-Emmanuel de), évêque du Mans (R. D. 34). *La conservation laisse à désirer.*

1709. Le même personnage (R. D. 35); belle épreuve du 1er état. *Légère tache en haut de la gravure.*

1710. Bellièvre (Pompone de), premier président au Parlement de Paris (R. D. 36).

1711. Benoise (Charles), conseiller au Parlement de Paris (R. D. 38), belle épreuve.

1712. Blanchart (François), abbé de Sainte-Geneviève (R. D. 39), très-belle épreuve du 1er état.

1713. Blondeau (François), président de la Chambre des Comptes (R. D. 40).

1714. Un second exemplaire du même portrait.

1715. Blondel (David), de Chaalon en Champagne, ministre protestant et historien (R. D. 41), 2ᵉ état.

1716. Bochart de Saron, chanoine de l'église de Paris (R. D. 42), belle épreuve.

1717. Boileau (Gilles), greffier de la grand'chambre du Parlement de Paris (R. D. 43), belle épreuve du 2ᵉ état.

1718. Bosquet (François), évêque de Montpellier (R. D. 44), belle épreuve du 2ᵉ état.

1719. Bouchu (Pierre), abbé de La Ferté, puis de Clairvaux (R. D. 47), superbe épreuve du 1ᵉʳ état.
Provient de la vente Camberlyn, acheté 19 fr.

1720. Bouillon (Frédéric-Maurice de La Tour d'Auvergne, duc de) R. D. 48, 3ᵉ état.

1721. Le même personnage (R. D. 49), belle épreuve du 5ᵉ état.
Légèrement tachée d'eau.

1722. Bouillon (Godefroi-Maurice de La Tour d'Auvergne, duc de), grand chambellan de France (R. D. 50), 6ᵉ état.

1723. Bouillon (Emmanuel-Théodore de La Tour d'Auvergne, cardinal de), R. D. 51. Très-belle épreuve du 2ᵉ état.

1724. Bouthillier (Victor le), archevêque de Tours (R. D. 54).

1725. Le même personnage (R. D. 56.) Très-belle épreuve.

1726. Bragelonne (Marie de), veuve de Claude Le Bouthillier, surintendant des finances (R. D. 57.) 4ᵉ état.

1727. Castelnau (Jacques, marquis de), maréchal de France (R. D. 58.) Belle épreuve.

1728. Chamillart (Gui), maître des requêtes (R. D. 59). Belle épreuve du 4ᵉ état.

1729. Le même portrait. Belle épreuve du 3ᵉ état.

1730. Chapelain (Jean), membre de l'Académie française (R. D. 60.) Belle épreuve du 2ᵉ état, elle a de grandes marges.

1731. Charles-Emmanuel II, duc de Savoie (R. D. 61.) Grandes marges.

1732. Charles II de Gonzague, duc de Mantoue (R. D. 62.)

1733. Le même portrait, le médaillon seulement.

1734. Charles de Lorraine, Vᵉ du nom (R. D. 63.) Belle épreuve.

1735. Chaubard (N.), conseiller au parlement de Toulouse (R. D. 64.) *Légère tache.*

1736. Chavigny (Léon Le Bouthillier, comte de), ministre d'état (R. D. 66.)

1737. Christine, reine de Suède (R. D. 67.) 3e état. *Tachée d'eau.*

1738. Clermont-Tonnerre (François de), évêque de Noyon (R D. 68.) Belle épreuve du 1er état. *Très-rare.*

1739. Coislin (Pierre du Cambout, cardinal de) (R. D. 69.) Très-belle épreuve du 1er état.
Provient de la vente Camberlyn.

1740. Le même portrait, même état.

1741. Le même personnage (R. D. 70.) Très-belle épreuve du 1er état. Provient de la vente Camberlyn.

1742. Le même portrait, même état. *La condition laisse à désirer.*

1743. Colbert (Jean-Baptiste), contrôleur général des finances (R. D. 72.) 2e état.

1744. Colbert (Jacques-Nicolas), archevêque de Rouen (R. D. 78.) Belle épreuve du 1er état.

1745. Le même portrait. Epreuve du 2e état.

1746. Courtin (Honoré), conseiller d'état (R. D. 80.) Très-belle épreuve du 1er état.

1747. De Sève (Alexandre), conseiller d'état, prévôt des marchands (R. D. 82.) Belle épreuve.

1748. Doni-d'Attichy (Louis), évêque d'Autun (R. D. 83.) Belle épreuve.

1749. Dorieu (Jean), président en la Cour des aides (R. D. 84.) Belle épreuve.

1750. Dulieu de Chenevoux (François-Antoine), maître des comptes (R. D. 85.) Belle épreuve.
Provient de la vente Camberlyn.

1751. Dupuy (Pierre), conseiller d'état, garde de la bibliothèque royale (R. D. 87.) Belle épreuve, elle a de la marge.
Provient de la vente Camberlyn.

1752. Le même personnage (R. D. 88). Deux exemplaires.

1753. Le même personnage avec deux points dans la marge du bas, non décrit par Robert-Dumesnil.

1754. Dupuy (les deux frères Pierre et Jacques) sur la même planche (R. D. 89.)

1755. Enghien (Henri-Jules de Bourbon, duc d'), surnommé Monsieur le duc (R. D. 90.) Superbe épreuve.

1756. Espernon (Bernard de Foix de la Valette, duc d') (R. D. 91.) Belle épreuve du 1er état.

1757. Estrées (César, cardinal d') (R. D. 92.)

1758. Feret (Hippolyte), curé de Saint-Nicolas-du-Chardonnet et grand vicaire de Paris (R. D. 95.) Belle épreuve.

1759. Fieubert (Gaspard de), premier président du parlement de Toulouse, puis conseiller d'état (R. D. 96.) Belle épreuve, elle a de la marge.

1760. Fouquet (Basile), abbé de Barbaux et de Rigny, chancelier des ordres du roi (R. D. 97.) Très-belle épreuve.

1761. Fouquet (Nicolas), surintendant des finances (R. D. 98.) 4e état, avec marge. *La conservation laisse à désirer.*

1762. Fronteau (Jean), chanoine de Sainte-Geneviève (R. D. 99.)

1763. Gassendi (Pierre), prévôt de l'église de Digne, en Provence, et homme de lettres (R. D. 101); belle épreuve du 2e état.

1764. Gillier (Melchior de), maître d'hôtel du roi (R. D. 102); belle épreuve, elle a un peu de marge.

1765. Gillier (Madame de), R. D. 103.

1766. Guebriant (Jean-Baptiste Budes, comte de), maréchal de France (R. D. 104); belle épreuve du 1er état.

1767. Guenault (François), médecin de la reine (R. D. 105); très belle épreuve avec un peu de marge.

1768. Guénégaud (Henri de), marquis de Plancy, secrétaire d'État (R. D. 106), épreuve du 1er état; elle a de la marge; *une légère tache.*

1769. Harlay de Chanvallon (François de), archevêque de Paris (R. D. 107); belle épreuve du 2e état.

1770. Hesselin (Louis), conseiller d'État, maître de la Chambre aux deniers (R. D. 109); très-belle épreuve du portrait seul.

1771. Le même portrait, dans un cadre d'ornement (R. D. 109).

1772. Le même personnage (R. D. 110); belle épreuve du 1er état; elle a de la marge.

1773. Le même portrait, belle épreuve du 2e état.

1774. Jeannin (Pierre), surintendant des finances (R. D. 112), belle épreuve.

8.50 1775. La Borde (Denis de), évêque de Saint-Brieuc (R. D. 115); belle épreuve; elle a de la marge

7 50 1776. La Chambre (Marin-Cureau de), médecin du roi (R. D. 116); épreuve du 3e état, grande marge.

8 50 1777. Lallemant (Pierre), prieur de Sainte-Geneviève (R. D. 117.; belle épreuve du 1er état avec marge.

22 1778. La Meilleraye (Charles de la Porte, duc de), maréchal de France (R. D. 118); très-belle épreuve; elle a de la marge.

5 1779. La Moignon (Guillaume de), premier président du Parlement de Paris (R. D. 119); 2e état..

2 75 1780. Le même personnage (R. D. 120); belle épreuve. La conservation laisse à désirer.

5 1781. Larcher (Michel), président de la Chambre des Comptes (R. D. 122), épreuve du 3e état, grandes marges.

9 1782. Le même portrait, belle épreuve du 1er état.

9 1783. La Vrillière (Louis Phelypeaux), secrétaire d'État (R. D. 123); belle épreuve du 3e état.

30. 1784. Le Boultz (Noel), conseiller au Parlement de Paris (R. D. 124); très-belle épreuve. Provient de la vente Camberlyn.

5. 1785. Le Coigneux (Jacques), président à mortier au Parlement de Paris (R. D. 125).

5 50 1786. Le Masle (Michel), prieur des Roches, chantre et chanoine de l'église de Paris (R. D. 126); belle épreuve du 1er état; légèrement endommagée.

12 1787. Le Pautre (Antoine), architecte et ingénieur (R. D. 127.; épreuve du 2e état *imprimée sur peau de vélin*, avec marge.

4 50 1788. Le Tellier (Michel), garde des-sceaux (R. D. 128); épreuve du 2e état; elle a un peu de marge.

6 75 1789. Le même personnage (R. D. 130.; belle épreuve.

4 25 1790. Le même personnage (R. D. 131); bonne épreuve, conservation médiocre.

5 1791. Le même personnage (R. D. 132); belle épreuve; une très-légère piqûre.

9 1792. Le même personnage (R. D. 134); épreuve du 2e état.

14 1793. Le même personnage (R. D. 135); superbe épreuve du 2e état; elle a de très-grandes marges. Provient de la vente Camberlyn.

1794. Le même personnage (R. D. 136); très-belle épreuve.

1795. Le Tellier (Charles-Maurice), archevêque de Reims (R. D. 138), très-belle épreuve.

1796. Le même personnage (R. D. 139), 4ᵉ état.

1797. Le même personnage (R. D. 140), 3ᵉ état.

1798. Le Vayer (François de La Mothe), conseiller d'État (R. D. 143); belle épreuve du 2ᵉ état; elle a de la marge.

1799. Ligny (Dominique de), évêque de Meaux (R. D. 144); très-belle épreuve; elle a de la marge.

1800. Le même personnage (R. D. 145).

1801. Lionne (Hugues de), secrétaire d'État (R. D. 146); épreuve du 1ᵉʳ état; elle a de la marge.

1802. Lionne (Jules-Paul), abbé de Murmoutier et prieur de Saint-Martin-des-Champs (R. D. 147); belle épreuve du 1ᵉʳ état; *rare*.

1803. Loménie de Brienne (Henri-Auguste de), secrétaire d'État (R. D. 148); *condition médiocre*.

1804. Longueville (Henri d'Orléans, 11ᵉ du nom, duc de), R. D. 149; superbe épreuve.

1805. Loret (Jean), poète (R. D. 150); épreuve du 3ᵉ état.

1806. Le même portrait, épreuve du 3ᵉ état; *la conservation laisse à désirer*.

1807. Lotin de Charny (François), président au Parlement de Paris (R. D. 151); épreuve du 5ᵉ état; elle a de grandes marges.

1808. Le même portrait; superbe épreuve du 3ᵉ état; elle a de la marge.

1809. Louis XIV (R. D. 153); épreuve du 1ᵉʳ état.

1810. Le même personnage (R. D. 155); belle épreuve du 1ᵉʳ état.

1811. Le même personnage (R. D. 158); épreuve du 1ᵉʳ état (*la feuille du haut seulement*).

1812. Louise-Marie de Gonzague, reine de Pologne (R. D. 164); superbe épreuve du 2ᵉ état; elle a de grandes marges.

1813. Le même portrait; *épreuve médiocre*.

1814. Maisons (René de Longueil, marquis de) surintendant des finances (R. D. 165), *taché, mauvaise condition*.

1815. Le même personnage (R. D. 166), épreuve du 3ᵉ état, *elle est tachée*, marge.

10

1816. Mallier du Houssay (François), évêque de Troyes (R. D. 167).

1817. Maridat de Serrières (Pierre de), Conseiller au grand Conseil (R. D. 168), très-belle épreuve; elle a de la marge.

1818. Le même portrait (2ᵉ exempl.)

1819. Marie-Jeanne-Baptiste de Savoie-Nemours, duchesse de Savoie (R. D. 169), épreuve du 2ᵉ état; elle a de grandes marges.

1820. Marin de la Châtaigneraye (Denis), Conseiller d'Etat, intendant des finances (R. D. 170), épreuve du 1ᵉʳ état; elle a de la marge.

1821. Marolles (Michel de), abbé de Villeloin, homme de lettres et grand curieux d'estampes (R. D. 171), belle épreuve du 1ᵉʳ état.

1822. Le même portrait, 2ᵉ état.

1823. Matignon (Leonor Goyon de), évêque de Coutances, puis de Lisieux (R. D. 172), 2ᵉ état.

1824. Maupeou (Jean de), évêque de Châlons-sur-Saône (R. D. 173), 2ᵉ état.

1825. Mazarin (Jules), cardinal, ministre d'Etat (R. D. 174), 3ᵉ état.

1826. Le même personnage (R. D. 175), très-belle épreuve du 1ᵉʳ état.

1827. Le même personnage (R. D. 177), belle épreuve du 2ᵉ état.

1828. Le même personnage (R. D. 178).

1829. Le même personnage (R. D. 180), épreuve du 1ᵉʳ état. *Mauvaise condition.*

1830. Le même personnage (R. D. 181), 2ᵉ état.

1831. Le même personnage (R. D. 182), belle épreuve, *tachée.*

1832. Le même personnage (R. D. 183), belle épreuve du 2ᵉ état.

1833. Le même personnage (R. D. 184).

1834. Le même personnage (R. D. 186).

1835. Le même personnage (R. D. 187), très-belle épreuve du 1ᵉʳ état; elle a de la marge.

1836. Ménage (Gilles), homme de lettres (R. D. 188, belle épreuve du 1ᵉʳ état.

1837. Un second exemplaire du même portrait, même état.

1838. Le même portrait, 2ᵉ état, réduit, deux exempl.

1839. Mesgrigny (Jean de), président à mortier au Parlement de Provence (R. D. 190), épreuve du 1er état.

1840. Mesmes (Henri de), président à mortier au Parlement de Paris (R. D. 191), épreuve du 1er état.

1841. Mesmes (Jean-Antoine), président à mortier au Parlement de Paris (R. D. 192), 3e état. *Condition médiocre.*

1842. Molé (Edouard), président à mortier au Parlement de Paris (R. D. 193).

1843. Molé (Mathieu), garde des sceaux (R. D. 194).

1844. Molé (François), abbé de Sainte-Croix, de Bordeaux, puis maître des requêtes (R. D. 195), très-belle épreuve.
Provient de la vente Camberlyn.

1845. Mouy (Henri de Lorraine, marquis de) (R. D. 197), belle épreuve du 1er état.

1846. Nemours (Henri de Savoie, duc de) (R. D. 198), très-belle épreuve du 1er état.

1847. Le même, portrait très-belle épreuve du 2e état.

1848. Un second exemplaire, épreuve du 2e état.

1849. Nemours (Henri de Savoie, duc de), archevêque de Reims (R. D. 199), belle épreuve du 1er état.

1850. Nesmond (François-Théodore de), président à mortier au Parlement de Paris (R. D. 201), belle épreuve, elle a de la marge.

1851. Nesmond (François), évêque de Bayeux (R. D. 202), belle épreuve du 2e état.

1852. Le même portrait, épreuve du 4e état.

1853. Neufville (Ferdinand de), évêque de Chartres (R. D. 203), épreuve du 1er état, *conservation médiocre.*

1854. Le même portrait, épreuve du 2e état.

1855. Le même personnage (R. D. 204), épreuve du 2e état.

1856. Novion (Nicolas Potier de), premier président au Parlement de Paris (R. D. 205), belle épreuve du 2e état.
Provient de la vente Camberlyn.

1857. Le même personnage (R. D. 206), du 2e état.

1858. Le même portrait, 3e état, *condition médiocre.*

1859. Le même personnage (R. D. 207), superbe épreuve du 2e état.

1860. Ormesson (André Le Fevre d'), Conseiller d'État, superbe épreuve du 1er état. 209.

1861. Payen-Deslandes (Pierre), doyen des conseiller-clercs du Parlement de Paris (R. D. 210).

1862. Péréfixe de Beaumont (Hardouin de), archevêque de Paris (R. D. 211), belle épreuve du 2e état.

1863. Le même personnage (R. D. 212), épreuve du 2e état, condition médiocre.

1864. Le même personnage (R. D. 213), très-belle épreuve.

1865. Le même personnage (R. D. 214), superbe épreuve du 1er état.

1866. Poncet (Pierre), maître des requêtes, puis Conseiller d'Etat (R. D. 215), belle épreuve du 1er état.

1867. Regnauldin (Claude), procureur général au grand Conseil (R. D. 216), 4e état, condition médiocre.

1868. Le même portrait, belle épreuve du 2e état.

1869. Sarrazin (Jean-François), homme de lettres (R. D. 220), épreuve du 4e état, elle a de grandes marges.

1870. Un second exemplaire, même état, sans marge.

1871. Scuderi (George de), membre de l'Académie française (R. D. 221), épreuve du 1er état. Conservation médiocre.

1872. Seguier (Pierre), chancelier de France (R. D. 222), épreuve du 1er état.

1873. Le même personnage (R. D. 223), belle épreuve du 2e état.

1874. Seguier de Saint-Brisson (Pierre), prévôt de Paris (R. D. 224), belle épreuve.

1875. Un deuxième exemplaire avec marge, piqué.

1876. Servien (François), évêque de Bayeux (R. D. 225), épreuve du 1er état, condition médiocre.

1877. Le même portrait, belle épreuve du 3e état.

1878. Steenberghen (Jean-Baptiste Van), Conseiller du roi, au Conseil de Flandre (R. D. 226), belle épreuve du 1er état.

1879. Suze (Louis-François de), évêque de Viviers (R. D. 227), belle épreuve du 1er état, elle a de grandes marges.
Provient de la vente Camberlyn.

1880. Talon (Denis), président à mortier au Parlement de Paris (R. D. 228), condition médiocre.

1881. Thevenin (Claude), chanoine de l'Eglise de Paris (R. D. 230), condition médiocre.

1882. Le même personnage (R. D. 231), belle épreuve du 1er état.

1883. Voiture (Vincent), membre de l'Académie française. 3 25
(R. D. 234).

1884. Le Camus (Jean), lieutenant civil, puis maître des 15
requêtes et Conseiller d'Etat (R. D. App. 4), belle
épreuve du 3ᵉ état.

1885. Cinq portraits en buste de Nanteuil ou d'après lui, dont 28
un de Louis XIV non achevé.

ODIEUVRE.

1886. Vingt-neuf portraits de sa collection, in-8. 8

PARISET, né à Lyon en 1740.

1887. Cinq portraits d'artistes, d'après Falconet, médaillons, 3 25
in-8. — 1. Chambers (L. 3.) — 2. E. Cotes (L. 4.) —
3. Humphry (L. 12.) — 4. J. Kirby (L. 13.) — 5. Harcourt (Vicomte d') (L. 15.)

PAVILLON.

1888. Portraits de Louis-le-Grand, gravés suivant ses différents 6
âges, d'après Benoit. Onze médaillons sur une feuille.
Provient du cabinet de Louis-Philippe.

PERRIER (François), né à Mâcon en 1590.

1889. Simon Vouet, peintre (H. R. 6), in-fol. 6

PESNE (Jean), né à Rouen en 1623,

1890. Poussin (Nicolas), peintre (R. D. 6.) 2ᵉ état avec l'adresse 15
d'Audran.

PETIT (G.-E.), né à Paris en 1696.

1891. Vingt-et-un portraits divers, in-8. 15
1892. Cinq portraits de la collection d'Odieuvre. Bonnes épreuves. 7 50
1893. Huit portraits, gr. in-8. — 1. L'Aretin. — 2. Charles- 5
Frédéric, roi de Prusse. — 3. La Lescombat. —
4. Strozzi, poète italien. — 5. Le même, sous le nom de
Vouet, peintre. — 6. Voltaire. — 7. 8. Robert de Gous-
sencourt et sa femme.
1894. Trois portraits, in-4. — 1. Barbeyracius (Jean). — 7 50
2. Bayle (Pierre) (H. R. 4.) — 3. Hoffmann (Frédéric).

1895. Quatre portraits, in-4 et in-fol. — 1. Bayle (Pierre). *Piquée.* — 2. Maupeou (René-Charles de), d'après Chevalier (L. 3.) — 3. Montcel (Henri-Bachelier, seigneur), d'après de Troy. — 4. Titon du Tillet (Evrard), auteur du Parnasse français, d'après N. de Largillière. Belle épreuve.

PICART (B.), né à Paris en 1663.

1896. Quatorze portraits, in-4, pour l'histoire d'Angleterre.

1897. Treize portraits, in-4, Papes, cardinaux, archevêques, réformateurs, etc. — 1. Pierre d'Ailli. — 2. Burnet. — 3. J. de Brogni. — 4. Card. de Foix. — 5. Grégoire XII. — 6. Jean Gerson. — 7. Jean Hus. — 8. Jean XXIII. — 9. Martin V. — 10. Jérôme de Prague. — 11. François Zarabello. — 12. Jean Wiclef. — 13. Sainte-Brigitte.

1898. Neuf portraits, in-4, Rois, princes, etc. — 1. Frédérick-Guillaume, roi de Prusse. — 2. Frédéric, duc d'Autriche. — 3. Frédéric, électeur de Brandebourg. — 4. Jacques Lenfant. — 5. F. Pogge — 6. Sigismond, empereur. — 7. Wenceslas, roi de Bohême. — 8. Jean Zisku, duc de Bohême. — 9. Frédéric-Henri, prince d'Orange.

1899. Dix portraits, in-8. — 1. Locke. — 2. Jean II. — 3. Jaquelot. — 4. Mezeray, 1709. — 5. Le même avec la date 1720. — 6. Grudius. — 7. A. Marius. — 8. Castelleto. — 9 Th. Corneille. — 10. Anonyme.

1900. Quatre pièces, in-8. — 1. Son portrait, gravé par Avelines. — 2. Anacréon dans un médaillon. — 3. Horace, idem. — 4. Vignette : Apollon.

1901. Deux portraits, in-4. — 1. Le cardinal Mazarin. — 2. Le cardinal Richelieu.

1902. Trois portraits, in-fol. — 1. Palladius (André), d'après Caliari. — 2. Piles (Roger de), peintre, d'après lui-même (H. R. 2.) — 3. Tindal (Nicolas), d'après Knopton.

1903. Trois portraits, in-fol. — 1. Boileau-Despréaux. Frontispice de ses œuvres. *Déchiré.* — 2. Palladius (André). — 3. Piles (Roger de), peintre.

1904. Treize portraits. Souverains et personnages remarquables d'Angleterre. — 1. Charles Ier, d'après Van Dyck (H. R. 4.) — 2. Charles II, d'après Kneller. —

3. Jacques Ier, d'après Van Dyck. — 4. Jacques II,
d'après Kneller (H. R. 6.) — 5. Guillaume III, d'après
Van der Werf (H. R. 7.) — 6. Marie II, d'après Kneller.
— 7. Burnet (Gilbert), d'après Koudly. — 8. Clarendon,
d'après Zoust (H. R. 11.) — 9. Cromwel (Olivier, d'après
Walker. — 10. Essex (Arthur, comte d'), d'après Ledy.
— 11. Monmouth (Jacques Scot, duc de), d'après Van
der Werf. — 12. Russel (William), d'après Kneller
(H. R. 12.) — 13. Sidney (Algernoon).

1905. Sept portraits. Personnages remarquables. — 1. Cromwel
(Olivier). — 2. Georges Ier, roi d'Angleterre, in-4. —
3. Le même personnage, in-fol. (H. R. 28.) — 4. Orange
(Frédéric-Henri, prince d'). — 5. Philippe II, roi d'Es-
pagne. — 6. Schonberg (Frédéric, duc de), d'après
Kneller. — 7. Wit (Jean de), pensionnaire de Hollande
(H. R. 10.)

1906. Sinzendorf (Philippe-Louis, comte de), d'après Rigaud.
Très-grande pièce, belle épreuve.

PICART (Étienne), dit le Romain, né à Paris en 1634.

1907. Deux portraits, in-fol. — 1. Destrades (Louis-Godefroy,
comte). — 2. Saint-Geran (Bernard de la Guiche, comte
de), d'après G. Sève.

1908. Deux portraits, in-fol. — 1. Hameon (André), docteur
de Sorbonne, d'après Paillet (H. R 6.) — 2. Loisel
(Pierre), docteur de Sorbonne, d'après Lemaire
(H. R. 10.)

1909. Deux portraits. — 1. Tallement (François), abbé de
Valchretien, d'après Nanteuil (H. R. 5.) — 2. Mauriceau
(François), médecin, d'après Boulogne.

PICART (Jean), travaillait à Paris vers le milieu du
XVIIe siècle.

1910. Deux portraits, in-4. — 1. Sourdis (Henri de), archevêque. — 2. Baronius (César), cardinal.

PICQUET.

1911. Trois pièces. — 1. Nicolas Richelet, parisien, in-4. —
2. Saint Mathieu, l'évangéliste, in 4. — 3. François
Molières, sieur d'Essertines, p. in-8.

PINSSIO.

1912. Onze portraits de la collection d'Odieuvre. — Le cardinal Fleury, in-4.

PITAU (Nicolas), né à Anvers en 1633.

1913. Onze portraits. — 1. B. Prioli, in-4 (H. R. 4.) — 2. Le même avec quatre vers au bas, in 4. — 3. Quesnel, le prophète Elie. les deux sur la même feuille. — 4. Quesnel, in-4. — 5. Petitpied (Nicolas), in-4. — 6. Mavelot (Ch.), in-4. — 7. Louis-Antoine, cardinal de Noailles, in 8. — 8. Grégoire Lopez, in-8. — 9. Le même, avant le nom d'Odieuvre. — 10. Fleury (cardinal), in-8 — 11. Cruesen (archevêque), in-4, gravé par Jacob Pitau.

1914. Bignon (Théodore), maître des requêtes, d'après Ph. de Champagne (H. R. 8.)

1915. Colbert (Nicolas), d'après Lefébure (H. R. 13.) Belle épreuve.

1916. Daillon de Lude (Gaspard de), évêque d'Albi, d'après J. d'Egmont. Belle épreuve, grandes marges.

1917. Deux portraits, in-fol. — 1. Du Boulay (Jacob-Favier), maître des requêtes, d'après Ph. de Champagne (H. R. 6.) — 2. Estrades (Jean-François d'), d'après N. de Platte-Montagne. *Conservation médiocre.*

1918. Montmor (Henri-Louis Habert de), d'après Ph. de Champagne (H. R. 7.) Elle a de la marge. *Un peu sale.*

1919. Morgues (Mathieu de), prêtre de Saint-Germain, d'après François de Tours. Très-belle épreuve.

1920. Petau (Alexandre-Paul, conseiller au parlement, d'après Lefébure (H. R. 6.)

1921. Prioli (Benjamin), écrivant l'histoire, d'après C. Lefébure (H. R. 4). Très-belle épreuve.

1922. Seguin (Pierre), d'après Stresor.

1923. Voysin (M.), conseiller du roi, d'après Mignard le romain. Très-belle épreuve, grandes marges. *Légère tache d'eau.*

1924. Wrangel (Charles). Epreuve avant la lettre.

1925. Quatre portraits in-4 et in-fol. — 1. Albizi (Antoine-Denis Simon d'), dominicain, d'après Hallé. Belle épreuve. — 2. Joncoux (Françoise-Marguerite de). Belle épreuve. — 3-4. Deux portraits de l'histoire d'Angleterre.

POILLY (François de), né à Abbeville en 1622.

1926. Colbert (Jean-Baptiste), ministre, d'après Mignard. Gr. in-fol. en travers.

1927. Lemoyne (le P. Pierre), jésuite, d'après Ph. de Champagne, in-fol.

1928. Rapin, frontispice de Hortorum, d'après Le Brun, in-fol.

1929. François de Borgia, troisième général des jésuites, in-fol. Très-belle épreuve.

Provient de la vente Cumberlyn.

POILLY (N.), né à Abbeville en 1626.

1930. Deux portraits, in-8. — 1. Langlois de Chartres. — 2. Prévost, avocat.

1931. Deux portraits, in-fol. — 1. La Place (Ch. de), d'après Lens. — 2. Richelieu (Amador), cardinal, archevêque d'Aix. Epreuve avant la lettre.

1932. Louis XIV. Très-grande pièce, très-belle épreuve.

1933. Le même personnage, d'après Mignard, in-fol.

1934. Deux portraits. — 1. Marolles (Michel de), abbé de Villeloin. — 2. Morin (Jean-Baptiste), médecin, d'après Flamen.

1935. Deux portraits, in-fol. — 1. Olier (Nicolas-Edouard), conseiller du roi, d'après Lefébure (H. R. 11.) — 2. Parfaict (Nicolas), chanoine de Paris, d'après Lefébure.

POILLY (J.-B. de), né à Paris en 1669.

1936. Trois portraits, in-fol. — 1. Clève (Corneille Van), sculpteur, d'après Vivien H. R. 1.) — 2. Du Plessis (François-Xavier), missionnaire. — 3. De Troy (François), d'après lui-même.

PONCE (N.), né à Paris en 1746

1937. Trois portraits. 1. J. Amyot, in-8. — 2. Voltaire, in-4. — 3. Molière, in-4.

1938. Mourad Bey, d'après Dutertre, gr. in-fol.

PREVOST (B.-L.), né à Paris vers 1747.

1939. Quatre pièces. — 1. Portrait de Hue de Miroménil, in-4 (H. 2.) — 2. Louis XV, d'après Cochin, in-8 (H. 1.)

3. C.-N. Cochin, d'après lui même, médaillon. — 4. Vignette avec un médaillon, portrait de Sébastien Leclerc.

1940. Quinze portraits. — Douze portraits, d'après du Sinnetière de Philadelphie ; médaillons avant la lettre. Plus trois des mêmes portraits avec la lettre.

PRUNEAU (N.), né à Paris en 1754.

1941. Six pièces, in-4. — 1. Mlle Rosulie Levasseur (de Valenciennes). Epreuve avant : de l'Académie royale, etc., in-4 (H. R. 1). — 2. Le même personnage. Epreuve avec l'adresse, in-4. — 3. A. Haller, in-4. — 4. Chenizot (F.-V. Guiot de), in-4. — 5. Colardeau, in-4. — 6. Sentimens religieux, in-4 (H. 7). *Taché.*

RAVENET (S.-F.), né à Paris en 1706.

1942. Treize portraits. — 1. Paré (Ambroise), in-4. — 2. J. Pitard, chirurgien, in-4. — 3. Rollin, d'après Coypel, in-4. — 4. Le même personnage, in-8. — 5. G. Vavasseur, chirurgien, in-4. — 6. 7. 8. Trois portraits de la collection d'Odicuvre. — 9. 10. 11. 12. Quatre petits portraits, personnages anglais. — 13. Saint-Jean.

REGNESSON (Nicolas), né à Reims vers 1625.

1943. Trois portraits. — 1. Gargan (Pierre), in-fol. — 2. Le cardinal Mazarin, in-fol. — 3. Eustache de La Sulle, in-4.

ROGER (B.), né à Lodève en 1770.

1944. Quatre portraits. — 1. Bossuet, in-8. — 2. Massillon, in-8. — 3. Le même, avant la lettre. — 4. Thomas, in-8. *Taché d'eau.*

ROMANET (Antoine), né à Paris en 1748.

1945. Sept portraits. — 1. Barrère (Charles-Théodore, duc de), d'après Battoni (H. R. 1), in-4. — 2. Beaumont (Christophe de), archevêque de Paris, d'après Duhamel, in-4. — 3. Charles-Théodore, comte Palatin, in-4. — 4. De Villeneuve, in-4. — 5. Titien, peintre, d'après lui-même (galeries d'Orléans), in-fol. — 6. 7. Winslow, d'après Cochin (de la galerie française), in-4, deux exemplaires.

ROULLET (J.-L.), né à Arles en 1645.

1946. Deux portraits. — 1. Le Camus (Ét.), cardinal, in-8. — 2. Delpech (Jean), conseiller, d'après N. de Largillière.

ROULLET (Jean-Louis), né à Arles en 1699.

1947. Louis XIV dans son habit militaire, figure jusqu'aux genoux, d'après Mignard (H. R. 9), très-grande pièce. *Jaunie.*

ROUSSEAU (J.-F.), né à Paris vers 1750.

1948. Huit portraits. — 1. Chardin (J. S.), peintre, in-4. — 2. Descamps (J.-B.), peintre, in-4. — 3. Lépicié, peintre, in-4. — 4. Saly, sculpteur, in-4. — 5. Troy fils (J. F. de), peintre. — 6. 7. 8. Trois petits portraits en médaillon.

SAINT-AUBIN (A.), né à Paris en 1736.

Les numéros de l'œuvre sont ceux indiqués dans le catalogue de Regnault-Delalende.

1949. Onze portraits d'après Cochin, in-4. — 1. Beaumarchais (14). — 2. Blanchard (20). — 3. Caffiery (31). — 4. L'eau-forte du même. — 5. Laurent Cars (32). — 6. Cochin (44). — 7. G. Coustou (56). — 7. Ch. de Brosses (64). — 9. Ant. de Parcieux (66). — 10. Dumont le Romain (73). — 11. L'eau-forte du même.

1950. Onze portraits d'après Cochin, in-4. — 1. B. Franklin (81). — 2. Le même, avant l'adresse. — 3. Gauzargues (83). — 4. Le même, épreuve coupée en rond avec ornements. — 5. Heineken (93). — 6. P. Jeliote (104). — 7. Ch. H. Jombert (106). — 8. L'eau-forte du même. — 9. Lamotte-Piquet (111). — 10. Lassonne (J. M. F. de), (115). — Le Blanc (J.-B.), (118).

1951. Douze portraits d'après Cochin, in-4. — 1. Le Blond (119). — 2. Le même, avant la lettre. — 3. Le Couteulx du Moley (121). — 4. Le même, avant la lettre (2 exemplaires). — 5. L'eau-forte, du même. — 6. Le Roux (architecte), (126), *taché.* — 7. Lully (142). — 8. Maloët (149). — 9. Manette (158). — 10. Le même, deux épreuves avant l'adresse.

1952. Treize portraits d'après Cochin. — 1. Morand (179). — 2. Philidor (196). — 3. Pierre (J.-B), (201). — 4. Pigalle (J.-B.), 202. — 5. Piron (Alex.), (203). — 6. Pommier (l'abbé), 205. — 7. Radix (Ch.), (214). — 8. Roettiers (J.), (224), deux exemplaires. — 9. Roettiers (Ch.), (225). — 10. Savalette de Buckelay (237.)— 11. Trudaine (242). — 12. Walpole, (255).

1953. Seize portraits d'après Cochin, in-8 et in-12. — 1. Abel, in-8, (1). — 2. Baumé, in-8, (13).—3. Le même avant, l'inscription. — 4. Bitaubé, in-8, (19). — 5 Conty (F. Marie d'Est, princesse de), d'après une médaille sur le revers, l'église de Chaumont (50). — 6. Le même portrait seul. — 7. Dumont, in-12, (74). — 8. Falbaire de Quincey (Fenouillot), in-8, (75). — 9. Guérillot, in-12, (89). — 10. Lorry (A. Ch.), in-12, (131). — 11. Maleteste, in-8, (148). — 12. Marco, in-12, (155). — 13. Prault, in-12, (207). — 14. Marmontel, in-8, (159). — 15. Monet, in-8, (169). Très-belle épreuve. — 16. Raynal, in 8, (217). — 17. Sacchini, in-12, (232).

1954. Dix-sept portraits gravés d'après lui-même. — 1. Amelot (A. F.), 1778, in-4, (3). — 2. Le même, 1781, in-4, (autre gravure, . — 3. J.-J. Barthélémy, in-4, (8). — 4. Le même, un peu plus petit, in-8, (9). — 5. Le même, d'après une médaille, (12). — 6. Bignon, in-4, (18).— 7. Blanche, in-8, (21). — 8. Languet de Gergy, in-4. (112). — 9. Gluck, in-12, (86). — 10. L'eau-forte, du même. — 11. L'Épine, in-4, (125). — 12. Louis XV, in-8, (134). — 13. Pellerin, in-4, (193). — 14. Renouard, sa femme et ses trois enfants, in-8, (227). *épreuve offerte à M. Vanhulthem, par Renouard.* — 15. Pierre-le-Grand, in-4, (198). — 16. Linguet, in-4, (128). — 17. Le même, avec allég. (150).

1955. Cinq portraits pour les Mémoires de Grammont.

1956. Douze portraits divers in-8 et in-12. — 1. Arnauld (A.) in-12, (6).— Chaulieu, in-12, (29).— Mme Deshoulières, in-12, (67), belle épreuve. — 4. Diderot, in-12, (70), 2 exemplaires. — 5. Fontenelle, in-12, (80), 2 exemplaires dont un avec le nom du graveur à la pointe. — 6. Mancini Nivernois, in-12, (151). Lettres grises. — 7. Le même, in-8, (150). Deux exemplaires, dont un avant le nom du graveur. — 8. Piron, in-8, (204). — 9. Saint-Evremond, in-12, (233).

1957. Cinquante-cinq portraits in-8 et in-12, en buste, personnages célèbres des règnes de Louis XIV et Louis XV; dans le nombre il y en a onze doubles, épreuves avant la lettre ou lettres grises.

1958. Dix-neuf portraits in-4. — 1. Clos (C. J.), (43). — 2. Le même, épreuve avant la lettre. — 3. Condorcet, (48). — 4. Crébillon, (57). — 6. 7. Diderot, d'après Greuze, (68). Deux exemplaires. — 7. Fénelon, (76). — 8. Helvetius, (94). — 9. Linguet, d'après Greuze, (129). — 10. Montaigne, (170). — 11. Montalembert (M. R. de), (172). — 12. Paulmy (René de Voyer), (192). — 13. Rameau, (216). — 14. J.-J. Rousseau, (229). — 15. Sanson, (J.-B), prêtre, (236). — 16. 17. Voltaire, (250). Deux exemplaires, dont un avant l'adresse. — 18. 19. Washington, in-12, (255). Deux exemplaires, dont un avant l'adresse.

1959. Seize portraits divers, in-8 et in-4. — 1. Beckford (G. Anglus), in-8, (8). — 2. Bosquillon, in-8, (25). — 3. Buffon, in-4, (29), — 4. Danville (Bourguignon), in-8, (62). — 5. Condorcet, in-8, (49). — 6. Le même, profil à droite, in-8. — 7. Crebillon fils, in-8. — 8. Larive, comédien, in-12. — 9. Dolomieu (Déodat de) in-8, (71); épreuve, lettres grises. — 10. Hévin (Prudent), in-8, (98). — 11. Homère, in-8, (99). — 12. Ponteau, in-8, (206). — 13. Roland, in-8, (227). — 14. Valenciennes, in-8, (245). — 15. Young (Édouard), in-8, (358). — 16. Zannouvich, in-8, (259).

1960. Douze portraits médaillons sur fond blanc, personnages célèbres.

1961. Quatre pièces. — Louis XII, Henri IV, Louis XV. Portraits réunis dans un médaillon, (138). — 2. Louis XVI, Marie-Antoinette et le Dauphin. Portraits réunis dans un médaillon, (139). — 3. Madame, fille de Louis XV, in-8, (144). — 4. Marie de Médicis, d'après Pourbus, in-8, (157). — Ces quatre pièces sont en très-bonnes épreuves.

1962. Cinq portraits, d'après Denon. — 1. Dorat, in-8, (72). — 2. Gessner, in-8. (84). — 3. Le même, in-12, (85). — 4. Voltaire, in-4, (281). — 5. Worlock, in-4, (257).

1963. Six portraits divers. — 1. Necker, in-4; d'une très-belle exécution en couleur. — 2. Le même, d'après Duplessis, in-4, (183). — 3. Le même, in-8, (183). — 4. Le même, médaillon entouré d'un serpent, (184). — 5. Van der Goes, in-8 (246). — 6. Le même, in-8, épr. col.

1964. Cinq frontispices de livres. — Deux portraits.

1965. Deux pièces in-fol. (frontispices). — 1. Fénelon dans un médaillon ; les ornements ont été gravés par Choffart, (77). — 2. Orléans (Louis-Philippe, duc d'), portrait dans un médaillon, d'après C. N. Cochin, (188).

1966. Deux portraits in-fol. — 1. Pellerin (Joseph), antiquaire, (193). — 2. Perronet (Jean-Rodolphe), ingénieur, d'après C. N. Cochin, (195).

1967. Deux portraits in-fol. — 1. Montaigne (Michel de). d'après Porbus, (170). — 2. Perronnet (Jean-Rodolphe), ingénieur, d'après C. N. Cochin (195).

1968. Trois portraits in-fol. — 1. La baronne de Rebecque à sa dernière henre, d'après Delorraine, (218). — 2. Baronne de *** (Louise-Émélie), (68). — 3. Marquise de *** (Adrienne-Sophie), (160).

1969. Trois portraits in-fol. — 1. La Lande (Jérôme de), d'après Ély, (110). — 2. Molé (François-René), d'après Aubry, (164). — 3. Necker (Jacques), d'après Duplessis, (182).

SARRAGON.

1970. Est Suavis, in-4 ; belle épreuve.

SAVART (P.), né à Paris en 1750.

1971. D'Alembert (F. 1).

1972. Bayle (Pierre), F. 2 ; belle épreuve ; marge.

1973. Bernis (Pierre de), F. 3.

1974. Boileau-Despréaux (F. 4) ; belle épreuve, *tachée*.

1975. Bossuet (F. 6) ; épreuve moderne.

1976. La Bruyère (F. 8).

1977. Buffon (F. 9).

1978. Nicolas de Catinat (E. 10) ; belle épreuve.

1979. Christian VII, roi de Danemarck (F. 13).

1980. Colbert (F. 14).

1981. Le même, épreuve avec grandes marges.

1982. Louis de Bourbon, prince de Condé (F. 15) ; belle épreuve avec grandes marges.

1983. Un second exemplaire du même portrait ; grandes marges.

1984. Mme. Deshoulières (F. 16.); belle épreuve, grandes marges. — 10 50

1985. Fénelon (F. 13), 1er état; *un peu jaunie*. — 6 50

1986. Le même., 3e état. — 4

1987. Bernard de Fontenelle (F. 20), 2e état. — 5 25

1988. Le même., 3e état. — 3 50

1989. Nicolas de Livry (F. 22), grandes marges ; *sale*. — 3

1990. Louis-le-Grand (F. 23); 3e état ; *mouillures*. — 5

1991. Louis XVI (F. 24), 2e état ; grandes marges. — 9

1992. Montesquieu (F. 28) ; grandes marges. — 1

1993. François Rabelais (F. 29) ; avec marges. — 3

1994. Jean Racine (F. 30) ; avec marges. — 2 25

1995. Cardinal de Richelieu (F. 31). — 3 50

1996. Un deuxième exemplaire avec grandes marges. — 5

1997. Leibnitz (Godefroi-Guillaume), F. 21, in-4. — 6 50

1998. Montalembert (Marc-Réné, marquis de), F. 27, in-fol.; épreuve avant l'adresse. — 22

Scotin (Gérard) et Scotin (J.-B.).

1999. Quatre portraits in-12. — 1. Le P. Avrillon. — 2. Nicolas-Pierre Camus. — 3. Eustache-le-Noble. — 4. J.-B. Rousseau. — 1 50

Séraucourt.

2000. Perrichon (Camille), d'après Grandon, in-fol. — 1

Simonneau (Ch.), né à Orléans en 1639.

2001. Huit portraits. — 1. A. Arnauld, in-8. — 2. Le même, réduction du précédent, in-8. — 3. Bourdaloue, in-8. — 4. Hyacinthe Serron, in-8. — 5 Philippe V, in-8 ; collection Odieuvre. — 6. Louis XIV, d'après Coypel, in-4. — 7. Maimbourg, in-4. — 8. Son portrait gravé par Dupin. — 3 50

2002. Trois portraits in-4 et in-fol. — 1. Maimbourg (Louis le P.), d'après Nivellon. — 2. Mabillon (Jean), bénédictin, d'après Bertrand. — 3. Mesnager (Nicolas), d'après Rigaud. — 3

SIMONNEAU (Louis).

_1_ 2003. Arnauld (Antoine), d'après Ph. de Champagne (pour les
Hommes illustres de Perrault), in-fol.

SIMONNEAU (Philippe).

_1._ 2004. Toscane (Cosme III de Médicis, grand duc de), d'après
Seb. Le Clerc, in-fol.

SORIN (P.).

_1_ 2005. De la Forest (Pierre-Claude), in-fol.

SORNIQUE (D.), né à Paris en 1732.

_5_ 2006. 1. Trois portraits pour la vie des peintres, de Descamps.
— 2. Quatorze portraits pour la collection d'Odieuvre ;
bonnes épreuves.

STELLA (Claudine-Bousonnet), né à Lyon en 1634.

2007. Harlay Chanvallon (François de), archevêque de Paris,
d'après A. Stella (H. R. 4); très-grande pièce, un
peu piquée.

SURUGUE (Louis) le père, né à Paris en 1695.

2008. Joseph-Christophe de Verdun, d'après Drouais.

SURUGUE (Pierre-Louis) le fils, né à Paris en 1717.

2009. Trois portraits in-fol. — 1. Fremin (Réné), directeur de
l'Académie de peinture, d'après de La Tour (H. R. 2).
— 2. Guillain (Simon), sculpteur, d'après N. Coypel
(H. R. 8). — 3. Madame de Mouchi, en habit de bal,
d'après Coypel (H. R. 3).

TARDIEU (Nicolas-Henri), né à Paris en 1674.

2010. Gondrin (Louis-Antoine de Pardaillon), duc d'Antin,
d'après Rigaud (H. R. 3); piquée.

2011. Trois portraits in-4. — 1. Pollart (le P. Nicolas), re'i-
gieux. — 2. Voyer de Paulmy, marquis d'Argenson,
d'après Baveret. — 3. Rollin, d'après Coypel.

Tardieu (Jacques-Nicolas), né à Paris en 1748.

2012. Six portraits. — 1. N.-H. Tardieu, in-8. — 2. La V. M. Françoise de la Croix, in-8. — 3. Charles Guiller, in-8. — 4. Jean-Fr. Lalouette, in-8. — 5. Charles d'Orléans, abbé de Rothelin, in-8. — 6. René de Froullay, comte de Tessé, in-8.

2013. Six pièces in-4. — 1. F.-A. de Garsoule. — 2. Stephanus Gourlin — 3. Gédéon, baron de Loudon. — 4. Le même, avec l'adresse de Bligny. — 5. J.-B. Raimond de Beccarie de Pavie de Fourquevaux. — 6. Rosier (frontispice).

2014. Neuf portraits de la collection d'Odieuvre, in-8 ; très-bonnes épreuves.

2015. Boulongne (Bon. de), d'après Gilles Allou (H. R. 2); belle épreuve, marge.

2016. Le même personnage, d'après lui-même.

2017. Le Lorrain (Robert), sculpteur, d'après Nonnotte (H. R. 1); belle épreuve avec marges.

2018. Le même portrait, épreuve avec de très-grandes marges.

2019. Deux portraits in-fol. — 1. Galitzin (Dimitry, prince de), d'après Drouais. — 2. Marie-Henriette de France, d'après Nattier (H. R. 5), en travers ; *tachée d'eau.*

2020. Oudry (Jean-Baptiste), peintre, d'après N. de Largillière.

Tardieu (P.-Alex.), né à Paris le 2 mars 1756.

2021. Christine, reine de Suède, in-fol., d'après Seb. Bourdon (Gaz. B. Arts 49); *piquée.*

2022. Deux portraits in-4. — 1. Henri IV, d'après Porbus (G. B. A. 61). — 2. Le comte d'Arundel, d'après Van Dyck (G. B. A. 42); belle épreuve, *mais piquée.*

2023. Onze portraits. — 1. Blauw, in-4 (44). — 2. Brocas (F.-N.), in-4 (45). — 3. Frédéric-Guillaume de Prusse, in-4 (56). — 4. Huber, in-12 (65). — 5. Reine de Prusse, in-4 (70) — 6. Michel de Montaigne, in-fol. (73). — 7. La Pérouse (J.-F.-G. de), in-4 (79). — 8. Stanislas-Auguste, in-fol. (81); belle épreuve. — 9. Voltaire, in-4 (87); épreuve avant la lettre. — 10. Washington, in-8 (88). — 11. Montesquieu, in-8 (non compris dans la Gazette des Beaux-Arts).

THOMASSIN (Simon) le père, né à Troyes en 1638.

2024. Neuf portraits. — 1. Caravage, in-4 (gravé par Thomassin fils). — 2. Mathieu Pinault, in-4. — 3. Jacobus Moquot, in-4; belle épreuve, marge. — 4. Louis-François, duc de Boufflers, in-4. — 5. Louis-le-Grand, in-8. — 6. Louis XIV, in-8 (collection d'Odieuvre). — 7. Philip, chirurgien, in-fol. — 8. P. Corneille, in-8. — 9. René Bourdier, in-8 (collection d'Odieuvre).

2025. Six portraits in-4. — 1. L'auguste famille de Louis-le-Grand. — 2. Madame la duchesse de Mantoue. — 3. L'archiduc Joseph. — 4. Léopold et Joseph (l'empereur et le roy des Romains). — 5. Le duc de Saxe (Georges IV). — 6. Guillaume, prince d'Orange.

2026. Quatorze portraits gr. in-4. — 1. Charles V, duc de Lorraine. — 2. Louis de Bourbon, prince de Condé. — 3. L'électeur de Mayence. — 4. L'archiduc Joseph. — 5. Léopold et Joseph (l'empereur et le roy des Romains). — 6. Le prince Louis de Bade. — 7. L'électeur de Bavière. — 8. Charles et Anne (le roy et la reyne d'Espagne). — 9. Christian et Charlotte-Amélie (le roy et la reyne de Danemarck). — 10. Cosme, grand-duc de Toscane. — 11. Georges IV, duc de Saxe. — 12. Frédéric III, électeur de Brandebourg. — 13. Guillaume III, roy de la Grande-Bretagne. — 14. Jacob III, roy d'Angleterre.

2027. Six portraits in-4. — 1. Bignon (Jean-Paul), abbé de Saint-Quentin, d'après Rigaud. — 2. Brioudel (Melchior, comte de), président des requêtes. — 3. Corneille (Thomas). — 4. Hebert (François), évêque d'Agen. — 5. Innocent XV, pape. — 6. Madame, duchesse de Savoye.

2028. Louis XIV, statue équestre, d'après Coysevox (H. R. 9); provient de la collection de Louis-Philippe.

2029. Le même personnage, d'après Rigaud; très-grande pièce in-fol.; provient de la collection de Louis-Philippe.

2030. Maroulle (Jean-Antoine), prieur de Marmande, d'après Coypel.

THOMASSIN (Henri-Simon) le fils, né à Paris en 1688.

2031. Le buste du cardinal de Fleury, soutenu par Diogène, d'après Rigaud et Autreau (H. R. 5); très-belle épreuve.

2032. Thierry (Jean), sculpteur, d'après N. de Largillière (H. R. 3); grandes marges.

2033. Truchet (Sébastien), religieux, d'après Elisabeth Cheron.

2034. Trois portraits in-4. — 1. Cignani (Charles), peintre italien, d'après son fils (H. R. 2) — 2. Le Bel (Cherubin-Louis), récollet, d'après Sebert. — 3. Le cardinal Fleury, soutenu par Diogène (réduction).

TROUVAIN (Antoine), né à Montdidier en 1666.

2035. Six portraits. — 1. Nicolas Letourneux, in-4; belle épreuve. — 2. Louis Le Maistre de Sacy, in-4. — 3. Hippolyte Feret, in-4. — 4. Laurent Bordelon, in-12. — 5. Eust. Le Noble, in-12. — 6. B.-H. Vincent de Paul, in-12.

2036. Cotte (Robert de), architecte, d'après Tortebat; très-belle épreuve.

Provient de la vente Camberlyn.

2037. Houasse (René-Antoine), peintre, d'après le même (H. R. 8); belle épreuve.

2038. Jouvenet (Jean), peintre, d'après lui-même; pièce en travers; elle a de la marge.

2039. Un deuxième exemplaire du même portrait.

2040. Pesne (Jean de), peintre et graveur, d'après lui-même; très-belle épreuve.

Provient de la vente Camberlyn.

VALLET (Guillaume), né à Paris en 1636.

2041. Du Laurens (Pierre), docteur en Sorbonne, d'après A. Du Buisson, in-fol.; piqûre.

2042. Deux portraits. — 1. Le même portrait, avec un médaillon à chaque coin. — 2. Andreas Sacchi (H. 2), in-4.

2043. Lionne (Jules-Paul de), abbé, d'après Blanchard.

VALLÉE (Simon), né à Paris vers 1700.

2044. De Troy (Jean), peintre, d'après Fr. de Troy (H. R. 1); deux exemplaires.

VIGNON (A.).

2045. Barberousse, d'après David; eau-forte.

VOYEZ l'aîné, né à Abbeville en 1742.

2046. Sept pièces. — 1. Febert (Abraham de), in-4. Belle épreuve, marge. — 2. 3. Fleury (Joly de), in-4. 2 exempl. id. — 4. Montesquieu, in-4. — 5. Polignac (le cardinal de), in-4, *légère tache*. — 6. Jarente de La Bruyère, in-12. — 7. La Douleur, in-4. *Taché.*

VOYEZ le jeune.

2047. Trois portraits. — 1. Rohan (Louis-René-Édouard, prince de), cardinal, in-fol. — 2. Hénault (Ch.-J.-Fr.), président des enquêtes, in-4. — 3. Orléans (Philippe, duc d'), Régent, in-4.

WATELET (A.-L.), né à Paris en 1718.

2048. Vingt-sept portraits in-4, d'après Cochin. — 1. Watelet. — 2. D'Alembert. — 3. Baudouin. — 4. Chastre de Billy. — 5. Boutin. — 6. J. Laure. — 7. Chevert. — 8. Clairaut. — 9. Copette, 1753. — 10. Le même gravé en 1765. — 11. Crébillon. — 12. Bay de Curys. — 13. Dodart. — 14. Lady Hervey. — 15. Brunet de Neuilly. — 16. J.-B.-M. Pierre. — 17. Sarrdu. — 18. L. de Sylvestre. — 19. De Sommery. — 20. Turgot. — 21. Le même avec titre de Ministre. — 22. De Vallière. — 23. Poisson de Vandières. — 24. Le comte de Vence. — 25. Le même avec les armes. — 26. Marquis de Voyer. — 27. Hurson, Intend. de Toulon.

WATTEAU.

2049. Son portrait *(supposé)*, gravé par lui-même.

WILLE (J.-G.), né à Kœnigsberg en 1717.

2050. Trente-deux portraits de la collection d'Odieuvre.

2051. Agar présentée à Abraham par Sara, d'après Dietrich (C. B. 1.)

2052. Le repos de la Vierge, d'après Dietrich (C. B. 2.)

2053. Le maréchal des Logis, d'après P. A. Wille (C. B. 14.) Belle épreuve du 3° état. La photographie de cette gravure (réduction).

2054. Les Bons Amis, d'après Van Ostade (C. B. 56). 2° état. Marge.

2055. Les Musiciens ambulants, d'après Dietrich (C. B. 52.) 10 75
L'épreuve est doublée.

2056. Les Délices maternelles , d'après P. A. Wille (C. B. 58.)

2057. Les Soins maternels, d'après P. A. Wille (C. B. 59.) } 25

2058. La Tante de Gérard Dow, d'après Gérard Dow (C. B. 60.) 5
4ᵉ état. Marge.

2059. Un second exemplaire. 4

2060. La Dévideuse , mère de Gérard Dow (C. B. 61.) 2ᵉ état.
Belle épreuve , *un peu tachée.*

2061. La Liseuse, d'après Gérard Dow (C. B. 62.) Belle épreuve 21
du 2ᵉ état.

2062. La Gazetière hollandaise , d'après G. Terburg (C. B. 68.) 15
Très-belle épreuve du 2ᵉ état.

2063. La Maîtresse d'école, d'après P. A. Wille (C. B. 70.) 10

2064. La bonne Femme de Normandie, d'après P. A. Wille 15
(C. B. 71.) Bonne épreuve. Grandes marges.

2065. La Sœur de la bonne Femme de Normandie, d'après P. A. 6
Wille (C. B. 72.) Très-belle épreuve. La copie de cette
gravure en contre-partie.

2066. Philosophe du temps passé, d'après P. A. Wille (C. B. 73.) 5 2
3ᵉ état. Grandes marges.

2067. Sapeur des Gardes suisses (C. B. 86). Deux exemplaires. 5 2

2068. Louis XV (Ludovicus Victor et Pacator.), d'après J.-B. 8
Lemoyne (C. B. 105). Belle épreuve; *elle est un peu
éraillée.*

2069. Louis, Dauphin de France, fils de Louis XV, d'après 7
Daniel Klein (C. B. 106.)

2070. Pierre de Tencin, cardinal, d'après Etienne Parrocel 17
(C. B. 109.) Très-belle épreuve du 2ᵉ état.

2071. Pierre de Tencin, d'après Heilmann, in-4. 2

2072. Claude de Saint-Simon, évêque, d'après H. Rigaud 40
(C. B. 112.) Superbe épreuve du 2ᵉ état, elle a de la
marge.
Provient de la vente Camberlyn, Nº 3980. 15 50

2073. Deux portraits, in-fol. — 1. Ant. Fr. Prevost (114) 3 25
2ᵉ état. — 2. Jacques de Chabannes (116) 2ᵉ état.

2074. Charles-Auguste-Louis Fouquet de Belle-Isle, maréchal 6 25
de France, d'après H. Rigaud (C. B. 120.) Belle épreuve.
Légères taches dans la figure.

2075. Maurice de Saxe, maréchal de France, d'après H. Rigaud (C. B. 121.)

2076. Un second exemplaire.

2077. Louis Phelypeaux, comte de Saint-Florentin, ministre de la maison du roi, d'après J.-L. Tocqué (C. B. 124.) Belle épreuve du 2e état, avant la qualité de ministre, et les maillets qui figurent dans les armes sont blancs.

2078. Abel François Poisson de Vandières, marquis de Marigny, d'après J.-L. Tocqué (C. B. 125.) Superbe épreuve du 3e état, *Rare*, avant l'indication de la réception à l'Académie, elle a de la marge.

2079. Joseph Parrocel, peintre, d'après H. Rigaud (C. B. 128). Grandes marges.

2080. Jean-Baptiste Massé, peintre, d'après J.-L. Tocqué (C. B. 130) Grandes marges.

2081. Henri Liébaux, géographe, d'après J. Chevalier (C. B. 131).

2082. Quatre portraits. — 1. Bernard Belidor (133). 2e état. Marge. — 2. Claude-Nicolas Lecat (137). 4e état. — 3. François Quesnay (139). 3e état. — 4. François Chicoyneau (140). 3e état.

2083. Elisabeth de Gouy, femme de H. Rigaud, d'après H. Rigaud (C. B. 145.) *Un peu taché dans la marge.*

2084. Marguerite-Elisabeth de Largillière, fille de Nicolas de Largillière (C. B. 146.) Belle épreuve. *Un peu sale.*

2085. Frédéric II, roi de Prusse, d'après Ant. Pesne (L. B. 151.) Très-belle épreuve du 2e état, elle a de la marge,

2086. Le même personnage. (C. B. 152.)

2087. Charles-Frédéric, margrave de Bade d'Urlach, d'après J.-F. Guillebaud (C. B. 156.)

2088. Un deuxième exemplaire du même portrait.

2089. Jérôme d'Erlach, advoyer de la ville de Berne, d'après le chevalier Rusca (C. B. 167.)

2090. Jean-Martin Preisler, graveur (168).

2091. Lot de trente portraits divers.

DESSINS.

LIVRES SUR LA CONNAISSANCE DES ESTAMPES

ET

CATALOGUES DE COLLECTIONS CÉLÈBRES.

2109. Dictionnaire des graveurs anciens et modernes depuis l'origine de la gravure, par F. Basan. Paris, 1789, 2 vol. in-8, fig. br.

> Aux figures de l'ouvrage on en a ajouté 48 et on en joindra 68 préparées pour y être intercalées.

2110. Notice sur les graveurs qui nous ont laissé des estampes marquées de monogrammes, chiffres, rébus, lettres initiales, etc. Besançon, 1807. 2 vol. in-8: cart. n. rog.

2111. Manuel de l'amateur d'estampes, par F. L. Joubert. Paris, 1821. 3 vol. in-8, demi-rel. v. bleu.

2112. Idée générale d'une collection complète d'estampes, par Heineken. Leipsic et Vienne, Kraus, 1771. In-8, avec 32 pl. rel. veau fauve. D. S. T.

> Très-bel exemplaire.

2113. Dictionnaire des artistes dont nous avons des estampes avec une notice détaillée de leurs ouvrages gravés (par Heineken). A.-Ciz Leipsig, 1778-1779. 4 vol. in-8 demi-rel. *Quelques taches d'eau.*

> Tout-ce qui a paru de cet ouvrage.

2114. Le Peintre-graveur français, par Robert Dumesnil. Paris, 1835-1868. 10 vol. in-8 br.

> Les tomes 9 et 10 ont été publiés par M. G. Duplessis.

2115. Le peintre-graveur français continué, ouvrage faisant suite au peintre-graveur de Robert Dumesnil, par Prosper de Baudicour. Paris, 1861. 2 vol. in-8 br.

2116. Le peintre-graveur, par Passavent, contenant l'histoire de la gravure sur bois, sur métal et au burin, jusque vers la fin XVIᵉ siècle, etc. Leipsig, Weigel, 1860-62. 2 vol. in-8 port. br.

2117. Histoire de la gravure en France, par G. Duplessis. Paris, Rapilly, 1861. In-8 br. — Essai d'une bibliographie générale des beaux arts par le même in-8 br. — Catalogue de l'œuvre d'Abraham Bosse, in-8 br. — Jean Godefroy, peintre et graveur, par L. P. Jacob. in-8 br.

2118. Le peintre-graveur, par Bartsch. Vienne, Degen et Mechetti, 1803-1818. Tome 1 à 16 in-8 fig. br. — Suppléments au peintre-graveur de Bartsch recueillis et publiés par R. Weigel. Leipsig, 1843. In-8 br.

On y a joint un vol. in-4° de 16 planches de copies faites d'après des estampes très-rares décrites dans les tomes I, IV et V.

2119. Manuel des curieux et des amateurs de l'art, une notice des graveurs et de leurs principaux ouvrages, par Huber et C. C. H. Rost. Zurich, 1797-1808. 9 vol. pet. in-8 demi-rel.

Exemplaire interfolioté de papier blanc.

2120. Manuel de l'auteur d'estampes, précédé de considérations sur l'histoire de la gravure, sur ses divers procédés, le choix des estampes et la manière de les conserver, par M. Ch. Le Blanc. Paris, P. Jannet, 1850-57. 9 livraisons gr. in-8 br.

Tout ce qui a paru.

2121. Notices de quelques copies trompeuses d'estampes anciennes, par M. Ch. Le Blanc. Paris, 1849. In-8 fig. br.

Tiré à 200 exemplaires.

2122. Liste des portraits omis dans le P. Lelong, collection possédée et décrite par S. Lieutaud. Paris, 1844. In-8 br.

2123. Liste des portraits dessinés, gravés ou lithographiés des députés de l'Assemblée nationale de 1789, par S. Lieutaud. Paris, 1854. In-8 br.

2124. Liste alphabétique des portraits des personnages nés dans l'ancien duché de Lorraine, celui de Bar et le Verdunois, dont il existe des dessins, gravures et lithographies, par S. Lieutaud. Paris, 1852. In-8 br.

Tiré à 200 exemplaires.

2125. Catalogue raisonné de toutes les estampes qui forment l'œuvre de Rembrandt et des principales pièces de ses élèves, composé par Gersaint, Helle, Glomy et P. Yver. Nouv. édit. considérablement augmentée, par de Claussin. Supplément par le même. Paris, F. Didot, 1824-28. 2 vol. in-8 br.

2126. Catalogue raisonné de l'œuvre des trois frères, Jean, Jérôme et Antoine Wierix, par M. L. Alvin. Bruxelles, Arnold, 1866. 3 livraisons in-8 br.

2127. Biographie et catalogue de l'œuvre du graveur Miger, par M. E. Bellier de la Chavignerie. Paris, Dumoulin, 1856. In-8 port. br.

2128. Catalogue raisonné de toutes les estampes qui forment les œuvres gravées d'Etienne Ficquet, Pierre Savart, J.-B. de Grateloup et de J.-P.-S. de Grateloup, par L. E. Faucheux, Paris, veuve J. Renouard, 1864. Gr. in-8 pap. vergé.

Tiré à 100 exemplaires.

2129. Le graveur en taille douce, ou catalogues raisonnés, des estampes dues aux plus célèbres graveurs, par M. Ch. Blanc. — 1. J. G. Wille. — 2. Robert Strange. Leipzig, 1847-42. 2 brochures in-8.

2130. Catalogue raisonné de toutes les estampes qui forment l'œuvre gravé d'Adrien Van Ostade, par Faucheux. Paris, Renouard, 1862. In-8 fig. br.

2131. Catalogue des estampes gravées par Daniel Chodowiecki, 1796. In-12, rel. v. pl.

2132. Catalogue raisonné de l'œuvre de G. F. Schmidt (par Jacoby). Londres 1789. In-8 cart.

2133. Catalogue raisonné de l'œuvre de Sébastien Leclerc; par Ch. A. Jombert. Paris, l'auteur, 1774. 2 vol. in-8 cart.

2134. Un deuxième exemplaire broché.

2135. Catalogue de l'œuvre de Ch. N. Cochin-fils, par Ch. A. Jombert. Paris, Prault, 1770. In-8 demi-rel. maroq.

Table manuscrite des portraits ajoutés.

2136. Essai d'un catalogue de l'œuvre d'Et. de la Belle, peintre et graveur Florentin, par Ch. A. Jombert. Paris, 1772. In-8, demi-rel. maroq.

2137. Renseignements sur quelques peintres et graveurs des XVII⁰ et XVIII⁰ siècles. Israel Silvestre et ses descendants, par E. de Silvestre. Paris, veuve Bouchard-Huzard, 1868. In-8 br.

2138. Catalogue raisonné des diverses curiosités du cabinet de M. Quentin de Lorangère, par E. F. Gersaint. Paris, 1744. In-12, rel. v. (Prix).

Contient des notices curieuses sur Callot, De la Belle, Séb. Leclerc, Watteau, etc.

2139. Catalogue des tableaux, peintures et gouaches, miniatures, dessins, estampes, etc., provenant du cabinet de M. Van Schorel. Anvers, 1744. In-8 rel. v.

2140. Catalogue des tableaux, dessins, estampes, livres, etc. de Bouchardon, sculpteur, par F. Basan. Paris, 1762. In-8 rel. (Prix).

2141. Catalogue des estampes et tableaux du cabinet de l'abbé Favier, de Lille. 1765, in-8, rel. (Prix).

2142. Catalogue des différents objets de curiosités dans les sciences et les arts qui composaient le cabinet de feu Mariette, contrôleur-général, etc., par F. Basan Paris, 1775, in-8, fig. rel. veau jaspé, fil. (Prix).

2143. Catalogue du cabinet de Neyman, par F. Basan. 1776, in-8, fig. br.

2144. Catalogue raisonné des tableaux, dessins, estampes, etc., qui composaient le cabinet de feu M. Poullain, par J. B. P. Le Brun. Paris. 1780, in-8, demi-rel.

2145. Catalogue raisonné d'un choix précieux de dessins, d'estampes et de tableaux qui composaient le cabinet de feu P. F. Basan, père, graveur, par Regnault Paris, an VI, in-fol. br. fig.

2146. Catalogue de la rare et nombreuse collection d'estampes, et de dessins qui composaient le cabinet de M. P. Wauters. Bruxelles, 1797; in-8, demi-rel.

2147. Catalogue d'une superbe collection d'estampes, dessins, médailles, coquilles, etc., délaissée par Libert de Beaumont. Lille, an VII, 1798, in-8, cart. n.-rog. (Prix).

2148. Catalogue raisonné des estampes du cabinet du duc d'Ursel, rédigé par P.-M. Bénard. Paris, 1806, in-8, demi-rel.

2149. Catalogue du cabinet de Saint-Aubin, par F. L. Regnault. Paris, 1808, in-8, br.

Contient le catalogue de son œuvre.

2150. Catalogue raisonné d'objets d'art du cabinet de feu M. de Silvestre, par F. L. Regnault-Delalande. Paris, 1810, in-8, rel. v. rac. (Prix imprimés).
Exemplaire de M. Duchesne aîné avec sa signature.

2151. Catalogue raisonné des estampes du cabinet de M. le comte Rigal, par F. L. Regnault-Delalande. Paris, 1817, in-8, demi-rel. v. (Prix imprimés).
Exemplaire de Duchesne aîné, dont il porte la signature.

2152. Catalogue d'un choix précieux d'estampes composant le cabinet de Bervic, par F. L. Regnault. Paris, 1822, in-8. br. — Catalogue de la collection Logette, par le même, in-8, br. (Prix).

2153. Catalogue de la collection d'estampes anciennes et modernes, recueillies par M. V. Revil, rédigé par Piéri-Bénard. Paris, 1830, in-8, demi-rel. v. (Prix imprimés et manuscrits).

2154. Catalogue de la précieuse collection de dessins et d'estampes, au nombre de près de 30,000, formant le cabinet de M. Ch. Van Hultem. Gand, 1846, in-8, demi rel. non rog.

2155. Un deuxième exemplaire, demi-rel. avec les prix.

2156. Catalogue raisonné de la rare et précieuse collection d'estampes, réunie par les soins de M. F. Debois, rédigé par P. Defer. Paris, 1843, in-8 tiré in-4, br.
Quinze portraits ajoutés.

2157. Catalogue des livres d'heures, dessins et estampes, formant le cabinet de L. P. Vischer, rédigé par M. Ch. Blanc. Paris, 1852, in-8, br.

2158. Catalogue de la bibliothèque de Van den Zande, 1854. — Catalogue de la riche collection d'estampes et dessins composant le cabinet de M. F. Van den Zande, rédigé par F. Guichardot, 1855. (Prix). 2 vol. in-8, cart. non. rog.

2159. Un second exemplaire br. de ces 2 vol.

2160. Catalogue d'estampes anciennes provenant du cabinet de M. H. de L. (Lasalle). Paris, Defer, 1856, in-8, cart. non rog. (Prix).

2161. Cabinet de M. le comte Archinto de Milan. Estampes anciennes et modernes. Paris, 1868, br. (Prix.) Cabinets Dubois, — Alp. David, avec prix. Simon. Ensemble six catalogues.

2162. Collection Parguez. Lithographies. Œuvres complets de Géricault, Charlet, H. Vernet. Paris, 1861. In-8 br.— Collection d'estampes de M. A. Busche et neuf autres catalogues.

2163. Catalogue de l'intéressante collection d'estampes et de dessins composant le cabinet de feu M.-J. Camberlyn, rédigé par F. Guichardot, 1re et 2e partie, Paris, 1865. In-8 br. (prix). — Catalogue d'estampes et de livres à gravures du même, rédigé par Linnig. Anvers, 1867. In-8.

2164. Catalogues des ventes de tableaux, dessins, estampes, portraits et livres ; Ch. Leblanc, Combrouse, Martellé et autres (huit catalogues).

2165. Lot de catalogues de ventes de livres ; Dutacq, Chaudé, Cayrol et autres (en tout, 13 catalogues).

2166. Catalogues des ventes de livres de MM. Menche, Bigant, De Givenchy, Tencé, etc. (16 catalogues).

2167. Collection Laterrade. Estampes historiques et portraits, 1er, 3e et 4e catalogues. — Collection de Lajurriette. Estampes et portraits, 1re et 2e partie. Cte. Thibaudeau. 4e et 5e ventes, livres sur les beaux-arts. Estampes.

2168. Lot de 130 catalogues de ventes d'estampes, portraits, etc.

2169. Lot de neuf livrets d'exposition de tableaux.

2170. Un vol. in-fol. demi-rel., contenant quinze gravures dont une double, de C. Cort. Sujets tirés de l'ancien et du nouveau Testament.
Remontées.

2171. Daphnis et Chloé, traduction d'Amyot, complétée par P.-L. Courrier. 43 compositions au trait par Léopold Burthe, préface par Amaury Duval. Paris, J. Hetzel, 1863. Grand in-fol. cart. en peau rouge, plats dorés.

Une magnifique table en acajou, à pans coupés, avec dix-huit tiroirs de 80 centimètres carrés. — Cette table, de 3m 50 de longueur sur 2m de largeur, a servi à renfermer les gravures en feuilles et estampes reprises en ce catalogue.

TABLE.

PREMIÈRE PARTIE.

DEUXIÈME PARTIE. — PORTRAITS.

Lille-Imp. L. Danel.

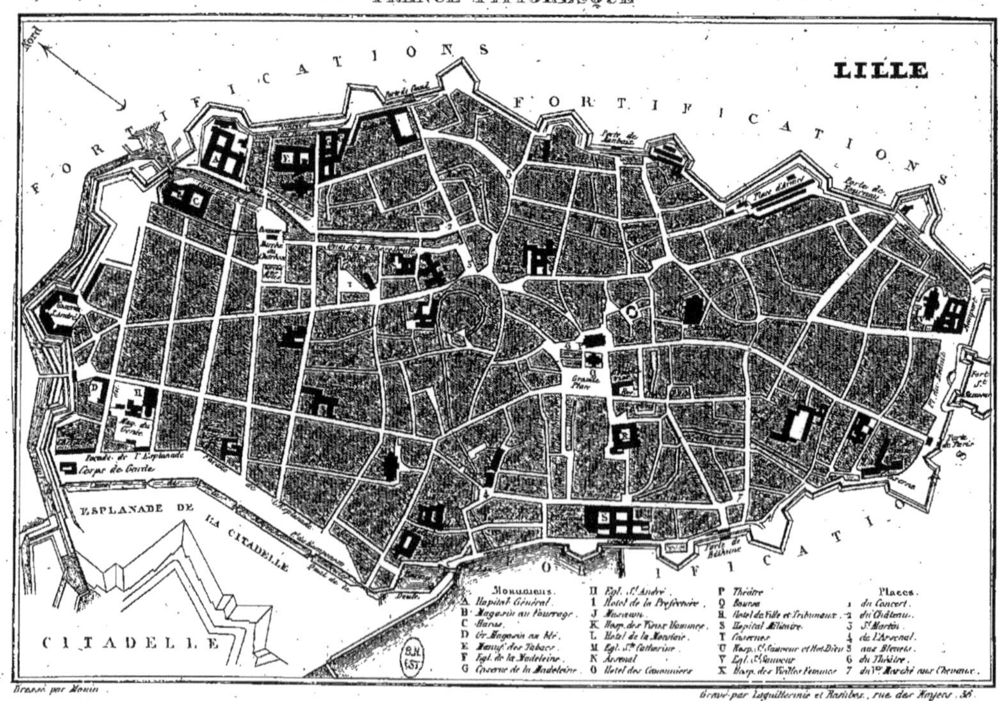

LILLE
FORTIFICATIONS
FORTIFICATIONS
FORTIFICATION
Nord
ESPLANADE DE LA CITADELLE
CITADELLE
Porte de Tournai
Porte de Paris
Porte de Béthune
Grande Place

Monuments.
A Hôpital Général.
B Magasin au Fourrage.
C Haras.
D Gr. Magasin au Blé.
E Manuf. des Tabacs.
F Egl. de la Madeleine.
G Caserne de la Madeleine.
H Egl. St André.
I Hôtel de la Préfecture.
J Muséum.
K Hosp. des Vieux Hommes.
L Hôtel de la Monnaie.
M Egl. Ste Catherine.
N Arsenal.
O Hôtel des Canonniers.
P Théâtre.
Q Bourse.
R Hôtel de Ville et Tribunaux.
S Hôpital Militaire.
T Casernes.
U Hosp. St Sauveur et Hôt. Dieu.
V Egl. St Sauveur.
X Hosp. des Vieilles Femmes.
Places.
1 du Concert.
2 du Château.
3 St Martin.
4 de l'Arsenal.
5 aux Bleuets.
6 du Théâtre.
7 du V. Marché aux Chevaux.

Dressé par Monin.
Gravé par Laguillermie et Rambos, rue des Noyers, 36.

1 catalogue Cumberlège avec joie

M.me Beghin libraire 26 Bis rue de la grande chaussée

Quecq le 2.e Catalogue 12 rue Negrier

L. Corbet 90 rue Impériale

de Lers libraire rue Curé St Etienne 11 et 12

Van der Cruyssé rue Royale 95

Van de Hebbe rue d'Angleterre

Petit rue d'Anjou 4.

Oscar Spreux Tournay (Belgique)

Bibliothè. Van der Straeten rue Hopital militaire 36.

Dancoisne Maire a Henin Liétard (P. de Calais)

Alfred Robaut libraire à Douai 45 r de Bellain

Kofoed Hotel de suède a Bruxelles

Hotkesoët d'imprimerie 100 imprimeur

P. Vassère a Gand

Gratuitement B.on de Cools Lieut Col d'Etat Major en retraite
et autres

L. Veyder 53 rue Royale

Chiaromontey 38 rue de Berlin Bruxelles

Omer Duquesne 18 rue des Grands Carmes Bruxelles

Martial Delpit à Castang Com.ne de Bouniagues par
(Dordogne) Issigeac

A. de Caïeu Juge d'Instruction 13 Place St Pierre
a Abbeville (Somme)

www.ingramcontent.com/pod-product-compliance
Ingram Content Group UK Ltd.
Pitfield, Milton Keynes, MK11 3LW, UK
UKHW021052230726
13926UKWH00004B/1800